LE GRAND LIVRE DES

devinettes et des casse-tête pour la salle de bain

LE GRAND LIVRE DES

devinettes et des casse-tête pour la salle de bain

Sudokus, kakuros et devinettes amusantes pour tous les jours

TERRY STICKELS
NATHAN HASELBAUER

Éditeur : François Doucet
Traduction : Nathalie Tremblay
Révision linguistique : Isabelle Veillette
Correction d'épreuve : Suzanne Turcotte, Nancy Coulombe
Mise en page : Sébastien Michaud
Montage de la couverture : Matthieu Fortin
Design de la page couverture : Peter King & Company
Illustration de la page couverture : Jim Carson
Design de l'intérieur : Leslie Haimes
Grilles crées par : Terry Stickels
ISBN 978-2-89565-833-7
Première impression : 2008
Dépôt légal : 2008
Bibliothèque et Archives nationales du Québec
Bibliothèque Nationale du Canada

Éditions AdA Inc.
1385, boul. Lionel-Boulet
Varennes, Québec, Canada, J3X 1P7
Téléphone : 450-929-0296
Télécopieur : 450-929-0220
www.ada-inc.com
info@ada-inc.com

Diffusion
Canada :   Éditions AdA Inc.
France :   D.G. Diffusion
                    Z.I. des Bogues
                    31750 Escalquens – France
                    Téléphone : 05.61.00.09.99
Suisse :   Transat - 23.42.77.40
Belgique :   D.G. Diffusion - 05.61.00.09.99

Imprimé au Canada

Participation de la SODEC.
Nous reconnaissons l'aide financière du gouvernement du Canada par l'entremise du Programme d'aide au développement de l'industrie de l'édition (PADIÉ) pour nos activités d'édition.
Gouvernement du Québec - Programme de crédit d'impôt pour l'édition de livres - Gestion SODEC.

Catalogage avant publication de Bibliothèque et Archives nationales du Québec et Bibliothèque et Archives Canada

Stickels, Terry H.

   Le grand livre des devinettes et des casse-tête pour la salle de bain : sudokus, kakuros et devinettes amusantes pour tous les jours
   Traduction de: The big book of bathroom brain-sharpeners.
   ISBN 978-2-89565-833-7

   1. Casse-tête logiques. I. Haselbauer, Nathan. II. Titre.

GV1493.S7414 2008   793.93   C2008-941893-X

Table des matières

Introduction

Cette compilation géante comprend des pages et des pages de casse-tête logiques stimulants uniques pour piquer et aiguiser votre cerveau. Il débute par une sélection de casse-tête appelés devinettes : de courts mais stimulants problèmes qui demandent un raisonnement minutieux pour les résoudre. Ce qui suit est une vague de casse-tête sudokus, des grilles de 9 x 9 à compléter en utilisant des successions non répétitives des chiffres 1 à 9. Mais le plaisir ne s'arrête pas là ! Il y a également plus d'une centaine de casse-tête kakuros auxquels vous pourrez vous attaquer. Ce sont des mots croisés mathématiques qui demandent que vous remplissiez chaque colonne et rangée de la somme fournie dans le premier indice. Complexe ? En effet ! Feuilletez l'ouvrage et attaquez-vous à quelques casse-tête et choisissez ceux qui vous plaisent le plus. Peu importe, tant que vous exercez vos muscles cérébraux et que vous vous amusez par le fait même !

COMMENT RÉSOUDRE LES DEVINETTES

Mettez vos talents de résolution de problèmes à l'épreuve en vous efforçant de répondre aux 174 devinettes de cet ouvrage. Si vous ne savez pas quoi répondre à une devinette, il pourrait être utile de dessiner une image ou un tableau sur un bout de papier afin de visualiser le problème. Soyez prêt : tandis que certaines devinettes pourraient ne prendre que quelques secondes à résoudre, d'autres pourraient nécessiter beaucoup de temps et de patience. Toutefois, à force d'obstination et de raisonnement prudent, vous serez en mesure de les vaincre tous !

COMMENT RÉSOUDRE LES SUDOKUS

Chaque sudoku consiste en une grille de 9 x 9, qui est clairement sectionnée en 9 grilles de 3 x 3, plus petites. Chaque rangée et colonne de la grille de 9 x 9 doit comprendre les chiffres 1 à 9 seulement une fois (aucun chiffre ne peut être répété). Chaque grille 3 x 3 (ou 9 cases) doit également comprendre les chiffres 1 à 9 une seule fois. Votre tâche consiste à inscrire les chiffres manquants dans les cases vides en vous assurant de ne pas oublier ni répéter de chiffre. Voici un exemple pour vous lancer :

		9	7		1	5		
	4			6			8	
3			4	5	8			1
7		6				4		2
	2	3		1		8	7	
9		4				6		5
2			9	7	6			4
	9			4			2	
		1	8		2	7		

Il n'y a qu'une solution pour chaque sudoku. Il n'y a cependant aucun point de départ ou d'arrivée précis. Vous pouvez donc commencer avec n'importe quel chiffre ou n'importe quelle section de la grille. Dans cet exemple, commençons par le chiffre 1 et la grille de 3 x 3 du coin supérieur gauche.

Cette grille de 3 x 3 comprend un 3, un 4 et un 9, et il lui manque les chiffres 1, 2, 5, 6, 7 et 8. Procédez par élimination pour déterminer où doivent apparaître les chiffres manquants. Portez une attention toute particulière à l'ensemble de la grille. Tout d'abord, le 1 manquant ne peut pas apparaître dans la première ou la troisième rangée, puisque le chiffre 1 apparaît déjà quelque part dans ces rangées. Examinons donc la deuxième rangée ; il y a deux cases vides dans cette première grille de 3 x 3, mais laquelle convient au chiffre 1 ? Scrutez la troisième colonne de la grille de haut en bas. La dernière case de la colonne comprend un 1; par conséquent, il ne peut y avoir d'autre chiffre 1 dans cette colonne. Cela signifie que vous devez inscrire le chiffre 1 dans la première case de la deuxième rangée du casse-tête. Scrutez une dernière fois la rangée et la colonne, il n'y a pas de chiffre 1 à l'horizon. Inscrivez le chiffre 1 dans la case vide.

Les règles sont si simples que le casse-tête doit être facile – non ? Pas du tout ! Le nombre de cases vides et la position des chiffres de chaque casse-tête peuvent donner des degrés de difficultés radicalement différents.

Les 160 casse-tête de cet ouvrage sont donc répartis en 5 degrés de difficultés comprenant chacun 32 casse-tête :

Casse-tête 1 à 32 : Facile
Casse-tête 33 à 64 : Modéré
Casse-tête 65 à 96 : Intermédiaire
Casse-tête 97 à 128 : Difficile
Casse-tête 129 à 160 : Extrêmement difficile

À moins d'être versé dans l'art des sudokus (ou d'être un génie), je vous recommande fortement de commencer par les casse-tête les plus faciles au début de la section et de graduellement passer aux plus difficiles de la fin. Les réponses aux casse-tête se trouvent à la page 473.

La clé des sudokus est de se souvenir qu'il s'agit de casse-tête *logiques* et non *mathématiques*. Les chiffres ne sont que des symboles — ce pourrait être des lettres, des cœurs, des losanges, etc. Bon, assez de bavardage — mettez-vous à l'ouvrage avec ces casse-tête sudokus et amusez-vous !

COMMENT RÉSOUDRE LES KAKUROS

Célèbre par ses règles simples, son format non menaçant et sa capacité extraordinaire, le casse-tête kakuro joint rapidement les rangs des sudokus et se mérite la reconnaissance internationale. Souvent appelé « addition en croix » (ou « cross-sums ») aux États-Unis, « kakuro » en Grande-Bretagne et « kakro » au Japon, ce jeu de chiffre stimulant mettra à coup sûr votre patience à l'épreuve et aiguisera votre esprit tout en vous offrant des heures ininterrompues de plaisir accrocheur.

Le casse-tête kakuro se joue sur une grille de cases noires et blanches. La rangée du haut et la colonne de gauche sont toujours composées de cases noires. Les cases blanches sont vides et disposées en rangées et en colonnes, à l'instar de mots croisés. Chaque rangée et colonne de cases vides s'appelle un « bloc ». Le joueur doit insérer les chiffres 1 à 9 dans chaque case du bloc et ces chiffres doivent s'additionner pour donner la somme fournie en indice. Les chiffres ne peuvent pas se répéter dans un bloc, ce qui assure qu'il n'y a qu'une qu'une solution logique possible à chaque casse-tête kakuro. Soit les cases noires sont vides (et peuvent être ignorées), soit elles comprennent une barre oblique qui les divise en deux. Les chiffres donnés dans chaque demi-case sont des « indices » qui indiquent la somme des chiffres du bloc correspondant. Un indice dans la partie inférieure de la case se réfère à la colonne au-dessous (voir l'exemple 8 Vertical à droite).

Un indice dans la partie supérieure de la case se réfère à la rangée à sa droite (voir l'exemple 15 Horizontal ci-dessous).

CONSEILS ET STRATÉGIES

Bien que vous puissiez procéder par tâtonnement pour compléter chaque case, il existe des stratégies plus efficaces pour déterminer quelle combinaison de chiffres fonctionnera et où inscrire chaque chiffre dans le bloc.

Une des stratégies consiste à comparer les jeux de chiffres possibles dans un bloc avec les autres jeux de chiffres qui s'entrecroisent. Trouver des chiffres communs aux deux jeux vous aidera à remplir les cases vides. Par exemple, admettons que vous avez deux blocs entrecroisés de deux cases chacun et que l'un a un indice de 3 et l'autre de 4 (voir l'exemple). Le premier bloc doit comprendre les chiffres 1 et 2 dans un ordre ou dans l'autre, tandis que l'autre doit comprendre 1 et 3 dans un certain ordre (puisque 2 ne peut être dupliqué). Par conséquent, la case où les deux blocs s'entrecroisent doit comprendre le chiffre 1, puisque c'est le seul chiffre commun aux deux.

Une autre technique appelée la « technique de zone » est un peu plus compliquée, mais tout de même utile. Elle ne peut être utilisée que lorsqu'il y a un carré de cases blanches connecté au reste du casse-tête par au moins une case. Voici son fonctionnement : en additionnant les indices des blocs horizontaux du carré et en soustrayant les indices des blocs verticaux du carré, la différence révèle la valeur de la case reliant le carré au reste du casse-tête. Voir l'exemple de casse-tête qui suit pour une démonstration de cette technique.

Puisqu'il est impossible d'inscrire un chiffre plus élevé que 9 dans une case, les blocs dont les indices sont les plus bas ou les plus élevés pour leur longueur auront moins de possibilités de combinaisons. Cela les rend plus simples à compléter. Lorsque vous êtes bloqué, cherchez ce type de bloc.

Il est d'usage fréquent de noter les valeurs possibles d'une case dans les coins de la case jusqu'à ce que toutes, sauf une, aient été prouvées impossibles. Pour les casse-tête difficiles, des gammes complètes de valeur peuvent être marquées jusqu'à ce que des séries entrecroisées posent suffisamment de contraintes pour réduire l'étendue à une seule réponse.

Maintenant que vous avez quelques stratégies en main, allez-y !

EXEMPLE DE CASSE-TÊTE ET PROCESSUS

Nous commencerons par résoudre ce casse-tête kakuro une case à la fois, en trouvant des chiffres communs entre des blocs entrecroisés. L'endroit le plus simple pour commencer à résoudre un casse-tête kakuro est celui où les blocs sont plus courts.

Dans l'exemple ci-dessous, le premier bloc horizontal dans le coin supérieur gauche est 4 Horizontal, et le premier bloc entrecroisé est 3 Vertical. Tel que nous l'avons appris dans l'exemple de la page 12, la case où les blocs s'entrecroisent doit comprendre le chiffre 1.

Lorsque vous aurez déterminé la position d'un chiffre dans un bloc à deux chiffres, vous pouvez facilement inscrire l'autre chiffre : la deuxième case de 4 Horizontal est le chiffre 3 (4 - 1) et la deuxième case de 3 Vertical est 2 (3 - 1). Vous pouvez maintenant également compléter 10 Horizontal et 16 Vertical par de simples soustractions.

Ensuite, trouvons la solution de 16 Horizontal et de 11 Vertical dans le coin inférieur droit de la grille. Pour trouver la somme de 16, en utilisant seulement les chiffres de 1 à 9, 9 + 7 doit être utilisé (puisque 8 + 8 enfreindrait la règle de non-répétition). Pour le 11 Vertical, il y a de nombreuses possibilités : 2 + 9, 3 + 8, 4 + 7 et 6 + 5. Puisque nous savons que 11 Vertical doit comprendre soit un 9 soit un 7 où la série croise 16 Horizontal, il nous reste les possibilités 2 + 9 et 4 + 7. Pour nous aider à décider, nous pouvons évaluer des séries entrecroisées comme 12 Horizontal. 12 Horizontal ne peut comprendre le chiffre 2 puisque 2 + 10 enfreindrait la règle 1 à 9. Nous devons donc opter pour 4 + 7 en 11 Vertical, avec le 7 au point d'intersection. Ce qui inscrit le chiffre 4 dans le coin inférieur droit et nous permet de compléter le reste du carré par de simples soustractions.

À cette étape du jeu, la combinaison d'un indice Horizontal et d'un indice Vertical ne fournit pas suffisamment d'information. Essayons la « technique de zone » : prenons le coin inférieur droit du casse-tête. Il y a une petite zone, ou carré, qui est relié au reste du casse-tête par une seule case (la case ombragée). La technique de zone nous indique que la valeur de cette case est la différence entre les indices Horizontal et Vertical de cette zone. Par conséquent, la valeur de la case ombragée est $(6 + 9)$ - $(7 + 6) = 2$.

Nous pouvons maintenant poursuivre. Le 6 Horizontal (dans la zone inférieure gauche) n'a qu'une possibilité : $1 + 2 + 3$. Nous connaissons la position du 2, mais nous devons tout de même décider où inscrire 1 et 3. Nous ne pouvons inscrire le chiffre 3 dans la case partagée avec le 6 Vertical ($3 + 3$ en 6 Vertical enfreindrait la règle de non-répétition). Par conséquent, le 3 doit être inscrit dans la première case du 6 Horizontal et le 1 dans la deuxième case. Les autres cases du bloc peuvent maintenant être résolues par de simples soustractions.

Grâce à la technique de zone, nous pouvons maintenant trouver la valeur de la case qui relie la zone supérieure droite au reste du casse-tête. Les indices horizontaux (11 + 14) — les indices verticaux (13 + 7) = 5.

Les deux cases restantes en 11 Horizontal requièrent une somme de 6. L'insertion de 5 + 1 ne fonctionne pas puisqu'il y a déjà un 5 dans la série, et 3 + 3 enfreindrait la règle de non-répétition. Seuls les chiffres 2 + 4 fonctionneraient dans ce cas. Voyons maintenant où inscrire le 2 et où inscrire le 4. 13 Vertical ne peut comprendre que le chiffre 4 et des valeurs supérieures. (Truc : Pour un nombre de deux cases, la valeur minimale d'un indice est 9 de moins que la somme.) Ainsi, le chiffre 2 ne peut être utilisé nulle part en 13 Vertical. Par conséquent, la deuxième case de 11 Horizontal est 4 et la dernière case est le 2. Faites des soustractions pour trouver les autres chiffres du carré. Ceci complétera la zone supérieure droite.

Vous avez presque terminé. Voyons le 8 Vertical. Nous savons que la dernière valeur de cette série est 2. La seule combinaison possible pour obtenir la somme restante de 6 est 1 + 5 (puisque 3 + 3 et 4 + 2 enfreindraient la règle de non-répétition des chiffres).

Le chiffre 5 est déjà utilisé en 12 Horizontal, alors le 1 doit être inscrit dans la première case et le 5 dans la deuxième. Les deux cases restantes du casse-tête peuvent être complétées par de simples soustractions mathématiques.

Félicitations, vous avez résolu votre premier casse-tête kakuro !

SOLUTION DU CASSE-TÊTE

Ce livre comprend 145 casse-tête kakuro — 50 petits casse-tête et 95 plus grands, allant de 1 à 3 étoiles de difficulté.

Maintenant que vous connaissez les règles et les techniques, il est temps de mettre votre cerveau à l'épreuve et de commencer à résoudre des casse-tête. Cependant, avant de commencer, voici un dernier truc : si vous vous retrouvez dans une impasse, les réponses commencent à la page 460.

Bonne chance !

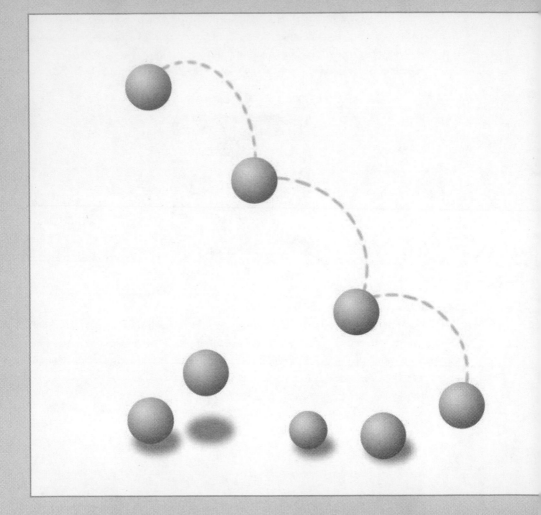

Devinettes

1

Lorsque Peter et Bill ont participé à une course de 100 mètres, Peter l'a emporté par 5 mètres. Pour donner à Bill la chance de gagner, ils refont la course, mais cette fois, Peter commence 5 mètres derrière la ligne de départ.

Chacun court à la même vitesse que lors de la première course.

Quels ont été les résultats de la deuxième course ?

2

Le petit Danny a acheté un paquet de cartes de baseball et a trouvé une carte de recrue qui vaut 10 $. Il a décidé de la vendre à son ami Tommy pour 10 $. Après la fin de la saison de baseball, la carte avait pris de la valeur et Danny l'a rachetée à Tommy pour 15 $. L'année suivante, Danny a vendu la carte 8 $. Danny a-t-il gagné ou perdu de l'argent en fin de compte ?

3

Une enseignante a dit à ses élèves : « J'ai un sac de sucettes que j'ai payé 6,25 \$. Quelqu'un peut-il me dire combien il y en a et combien j'ai payé pour chacune d'elle ? » Les élèves se sont regardés, perplexes et ont répondu qu'il n'y avait pas moyen de savoir combien il y avait de sucettes dans le sac.

L'enseignante a ajouté : « Les sucettes étaient toutes le même prix. Le nombre que j'ai acheté correspond au prix unitaire (en cents) des sucettes. » Pouvez-vous deviner combien coûtent les sucettes ?

4

Patricia, Kelly, Sasha et Meredith ont fondé un club de lecture et se rencontreront chaque mois. Chaque mois, une personne est l'hôtesse de la rencontre et une autre est responsable de la collation. L'hôtesse choisit le livre et l'une des trois autres apporte la collation. La responsabilité de l'hôtesse et de celle qui s'occupe de la collation change chaque mois. Combien faudra-t-il de mois pour épuiser toutes les combinaisons possibles d'hôtesse et de responsable de la collation ?

5

Le système de métro de la ville de New York achète des roues pour ses wagons au prix de 200 $ la roue. Les roues durent 10 ans et ont ensuite une valeur de rachat de 25 $ chacune. Si un traitement antirouille de 50 $ est appliqué, chaque roue durera 15 ans, mais n'aura aucune valeur de rachat. En fin de compte, est-ce plus avantageux de traiter les roues ou non ?

6

Ian et Adam voulaient aller à Coney Island et cherchaient la façon la plus rapide de s'y rendre. Ian voulait prendre le métro, mais Adam a remarqué que le métro ne se rend qu'à mi-chemin vers Coney Island et qu'il faut ensuite marcher le reste du trajet. Adam prétendait que le moyen le plus rapide serait de prendre leur vélo, mais Ian croyait toujours que le métro serait plus rapide. Alors, Adam a pris son vélo et Ian, le métro. Le métro était quatre fois plus rapide qu'Adam à vélo, mais Adam était deux fois plus rapide à vélo que Ian à pied.

Qui est arrivé le premier à Coney Island ?

7

Après avoir reçu leur diplôme d'études universitaires, Alison a commencé à travailler pour une institution financière et Éric pour un bureau d'avocats ; les deux avaient le même salaire. L'an dernier, Alison a obtenu une augmentation de salaire de 10 % et Éric a eu une réduction de salaire de 10 %. Cette année, Alison a eu une réduction de salaire de 10 % et Éric une augmentation de salaire de 10 %. Qui gagne le plus maintenant ? Ont-ils toujours le même salaire ?

Marc et Alexandre sont tous deux des tireurs moyens qui atteignent leur cible 50 % du temps. Ils décident d'un duel où ils tirent à tour de rôle jusqu'à ce qu'un d'eux soit touché. Quelles sont les chances que l'homme qui tire le premier atteigne l'autre ?

Si Beth est aussi âgée que Bill le sera lorsque Nancy sera aussi âgée que Beth l'est actuellement, qui est le plus âgé ?

10

Un canot flotte dans une piscine. Que fera augmenter davantage le niveau de la piscine ? Jeter la bille dans l'eau ou dans le bateau ?

11

Quel est le plus grand montant d'argent que vous pouvez avoir en pièces sans pouvoir donner de la monnaie pour 1 $?

12

Patti et John ont décidé de jouer au squash ensemble et ont misé 10 $ sur chaque partie jouée. Patti a gagné trois parties et John a empoché 50 $. Combien de parties ont-ils jouées ?

13

Sur un cadran numérique, combien de fois, sur une période de 12 heures, les chiffres apparaissent-ils en ordre croissant consécutif (ex. : 1 h 23 ou 9 h 10) ?

14

À la vente annuelle de pâtisseries de l'école secondaire, madame Ramsay a vendu 60 tartes durant les 6 jours de vente. Chaque jour, elle a vendu 4 tartes de plus que la journée précédente. Combien a-t-elle vendu de tartes le premier jour ?

15

Une école secondaire tentait de faire une campagne de financement pour un voyage de groupe en demandant aux élèves de débourser 1 $ pour tenter de deviner le nombre de bonbons à la gelée qu'il y avait dans un pot. Adam a évalué le nombre à 43, Bill à 34 et Carl à 41. Une personne était à 6 bonbons près de la réponse, une autre à 3 bonbons près et l'autre à 1. Combien y avait-il de bonbons dans le pot ?

16

Un banquier avait une balance qui n'était équilibrée que lorsqu'il y avait trois lingots d'or d'un côté, et un lingot et un poids de 10 kg de l'autre côté. Considérant que tous les lingots d'or sont du même poids, combien pèse un lingot ?

Steve et Lisa ont tous deux un sac contenant le même nombre de billes. Combien Steve doit-il donner de billes à Lisa pour qu'elle ait dix billes de plus que Steve ?

Il y avait quatre hommes dans le vestibule en attente d'une entrevue pour le même poste. Ils se sont tous serré la main une fois. Combien de poignées de main ont été échangées ?

19

Sous le sapin de Noël, il y avait trois cadeaux — un pour Samantha, un pour Maria et un pour Louisa. Chaque cadeau était emballé dans un papier de couleur différente, soit rouge, vert et argenté. Il y avait également une boucle de couleur différente sur chaque cadeau, soit rouge, verte et dorée. En suivant les deux règles suivantes, déterminez la couleur du papier et de la boucle de chaque cadeau.

1. Le cadeau de Samantha avait une boucle verte.
2. Le cadeau de Louisa était le seul dont le papier et la boucle n'étaient pas de couleurs contrastantes.

20

La famille Moore avait 7 pommes de tire pour
12 personnes. Comment ont-ils divisé les 7 pommes
de tire afin que chacun ait une portion égale ?
Chaque pomme ne peut être coupée en plus de
4 morceaux.

21

Marie-Hélène et Barbara ont toutes deux des jardins de même taille dans leur cour avant. Barbara décide de planter une seule mauvaise herbe dans le jardin de Marie-Hélène pour qu'il ne soit pas aussi beau. Chaque jour, la mauvaise herbe se dédouble, et en trente jours, le jardin de Marie-Hélène est couvert de mauvaises herbes. Si l'on considère que la mauvaise herbe se multiplie par deux chaque jour, combien de temps faudra-t-il au jardin de Barbara pour être complètement couvert de mauvaises herbes si Marie Hélène plante deux mauvaises herbes dans son jardin ?

22

Si chacun des fils de Peter a deux fois plus de sœurs que de frères et que chacune de ses filles a autant de sœurs que de frères, combien de fils et de filles a Peter ?

23

Si l'aiguille des minutes vient tout juste de passer celle des heures, combien de temps faudra-t-il pour que le phénomène se répète ?

24

Un fabricant de céréales de petit déjeuner offre un anneau décodeur magique à quiconque lui fait parvenir suffisamment de hauts de boîtes. Jess et Caroline veulent toutes deux un anneau, mais Jess a encore besoin de sept hauts et Caroline, d'un. Elles ont songé à mettre leurs hauts de boîtes en commun pour obtenir un anneau, mais elles n'en ont toujours pas assez. Combien faut-il de hauts de boîtes pour obtenir un anneau ?

25

Nancy a décidé de faire une séance dans les magasins. Au magasin de chaussures, elle dépense la moitié de son argent plus 6 $ pour une paire de bottes. À la boutique de vêtements, elle dépense la moitié de ce qu'il lui reste plus 4 $ pour un foulard. À la confiserie, elle dépense la moitié de ce qu'il lui reste plus 2 $ pour un cornet de glace. Il lui restait 7 $. Combien d'argent avait-elle au début ?

26

Il y a neuf pots, chacun contenant un liquide différent, mais les étiquettes sont décollées. Ignorant tout du contenu, un passant repose les étiquettes au hasard. Quel devrait être le nombre d'étiquettes remises sur le bon pot ?

Cent joueurs participent à un tournoi de billard à élimination unique. Combien de parties de billard devront être jouées avant de couronner le champion ?

Si 1 000 gommes à mâcher coûtent 20 $, combien coûteraient 10 gommes ?

29

Une corde qui ne pèse rien et qui est parfaitement flexible est suspendue au-dessus d'une poulie qui ne pèse rien et sans friction attachée au toit d'un édifice. À l'une des extrémités se trouve un poids qui contrebalance un orang-outang situé à l'autre extrémité. Si l'orang-outang se met à grimper, qu'arrivera-t-il au poids ?

30

Jimmy s'exerce au piano une heure par jour
du lundi au vendredi. De combien d'heures a-t-il
besoin le samedi afin d'avoir une moyenne de
deux heures d'entraînement par jour sur une
période de six jours ?

Par une soirée bien occupée, un valet gare
320 voitures. 21 % des clients lui donnent 1 $ de
pourboire, la moitié des 79 % restants lui donnent
2 $ et le reste ne lui donne rien du tout.
Combien le valet a-t-il gagné ?

32

Nancy regardait dans sa penderie et se demandait combien de sacs à main elle possédait. Tous ses sacs sont dorés sauf deux. Tous ses sacs sont bruns sauf deux. Tous ses sacs sont blancs sauf deux. Combien Nancy a-t-elle de sacs à main ?

33

À l'occasion de la fête de bureau, Tommy et
Alice prévoyaient distribuer des bonbons à la gelée.
Par contre, ils avaient faim, et Tommy avait déjà
mangé la moitié des bonbons lorsque Alice a mangé
la moitié des bonbons restants plus trois. Il ne
restait plus de bonbons à la gelée.
Combien y en avait-il ?

34

Un concessionnaire automobile dépense 20 000 $
pour acheter des voitures usagées. Il les a vendues
27 500 $ en faisant en moyenne un profit de 1 500 $
par voiture. Combien de voitures a-t-il vendues ?

35

Dan et Craig jouaient au billard pour 1 $ par partie.
À la fin de la journée, Dan avait remporté 4 $
et Craig avait gagné trois fois. Combien de
parties ont-ils jouées ?

Si Bill est plus grand que Mick et plus petit que
John, qui est le plus grand des trois ?

Danielle a maintenant l'âge que Kelly avait il y a huit ans.
Qui est la plus âgée ?

Marie-Hélène a organisé une vente-débarras et
quelqu'un est venu acheter sa tondeuse à gazon.
La personne a déboursé 100 $ pour la tondeuse et a
réglé cette somme par chèque. Avant de partir, il a
décidé qu'il ne voulait plus de la tondeuse, mais
qu'il voulait plutôt la scie à chaîne pour 75 $.
Marie-Hélène lui a rendu 25 $ et il est parti. Plus
tard, le chèque s'est avéré sans fonds et elle a dû
payer 25 $ de frais à la banque. Si la scie à chaîne
lui avait à l'origine coûté 50 $, combien
a-t-elle perdu d'argent ?

39

Durant la sieste, Juan dormait entre Miguel et Enriqué. Ricardo dormait à la droite d'Enriqué. Enriqué dormait entre qui et qui ?

Tom vend des bureaux et des chaises. Les bureaux coûtent 25 fois plus que les chaises. Tom a vendu 10 articles, dont le cinquième était des bureaux. Si les bureaux coûtent 100 $ pour deux, combien d'argent Tom a-t-il gagné ?

41

Toby était un homme excentrique qui a décidé
de donner sa fortune au gagnant d'une course de
chevaux. Selon les règles, le gagnant était celui qui
arrivait dernier. Toby ne voulait pas que la course
s'éternise, il a donc eu une idée pour empêcher
les jockeys de ralentir pour arriver dernier.
Quelle était cette idée ?

42

Sur un cadran normal, combien de fois l'aiguille des minutes passe-t-elle l'aiguille des heures entre midi et minuit ?

43

Est-il possible pour Peggy d'avoir sept enfants si la moitié d'entre eux sont des filles ?

44

Au centre commercial, Stéphane a visité cinq magasins pour éventuellement dépenser tout son argent. Dans chaque magasin, il a dépensé 1 $ de plus que la moitié de l'argent qu'il avait en poche en entrant. Combien d'argent avait Stéphane en arrivant au centre commercial ?

45

Chaque heure, sur l'heure, un train quitte Austin vers Dallas et un train quitte Dallas vers Austin.

Les trains roulent tous à la même vitesse et le trajet d'Austin à Dallas prend cinq heures. Combien de trains se croisent au cours d'un voyage ?

En faisant une course de 3 000 mètres sur une piste intérieure, Joseph remarque que ⅕ des coureurs devant lui plus ⅚ des coureurs derrière lui équivaut au nombre total de coureurs. Combien de personnes participent à la course ?

Le directeur d'un orphelinat voulait un cadeau pour chaque enfant qui n'avait pas déjà tous les jouets. L'orphelinat abritait 100 enfants : 85 avaient un vélo, 75 avaient un gant de baseball, 70 avaient un chapeau de cow-boy et 80 avaient des soldats de plomb. Quel est le plus petit nombre d'enfants possible qui possède à la fois une bicyclette, un gant de baseball, un chapeau de cow-boy et des soldats de plomb ?

48

À l'occasion d'un sommet international, 15 représentants des États-Unis, de la France, de l'Angleterre et de l'Allemagne se sont rencontrés en Suisse. Chaque pays a délégué un nombre différent de représentants et chaque pays est représenté par au moins une personne. L'Angleterre et la France ont envoyé un total de 6 représentants. La France et l'Allemagne ont envoyé un total de 7 représentants. Quel pays a envoyé 4 représentants ?

49

Bill et Lorraine se préparent à entreprendre un voyage de 4 000 kilomètres en voiture. La voiture compte quatre pneus dont la durée est de 1 500 kilomètres chacun. Combien de pneus Bill et Lorraine useront-ils si l'on considère que ceux de la voiture sont neufs ?

Jess prévoit participer au marathon de Boston
et à celui de New York. Jess trouve un magasin
qui vend des souliers de course en solde et elle
veut en acheter suffisamment pour courir les deux
marathons. Si chaque marathon est de 26 kilomètres
et que chaque paire de souliers de course dure
10 kilomètres, combien de paires de souliers Jess
devra-t-elle acheter ?

51

Trois personnes organisent un souper. Bruno arrive avec cinq plats et son ami Brian apporte trois plats. Jodi arrive les mains vides, mais décide de manger avec eux. Jodi paie 20 $ pour sa part. Si l'on considère que tous les plats coûtent le même prix, comment les 20 $ doivent-ils être divisés entre Bruno et Brian ?

Dans une basse-cour, il y a des chèvres et des poules. En tout, il y a 22 têtes et 72 pattes. Combien y a-t-il de poules et de chèvres dans la basse-cour ?

Chris a grimpé dans une échelle pour peindre un mur. Il commence sur l'échelon du milieu, monte de 6, descend de 8, monte de 3 et monte encore de 12 avant d'atteindre le haut de l'échelle. Combien l'échelle compte-t-elle d'échelons ?

54

Angela passe des entrevues pour un nouvel emploi
et a restreint sa liste à deux entreprises potentielles.
La première entreprise lui offre 27 000 $ avec
1 000 $ d'augmentation par année donnée deux
fois par année. La seconde entreprise offre
également 27 000 $ avec une augmentation de
2 000 $ par année donnée une fois l'an.
Quel emploi Angela devrait-elle choisir ?

55

Un restaurant de sushi achète vingt poissons à
10 $ chacun. Le propriétaire sait que 50 % du
poisson ne sera plus bon et ne pourra être servi.
Chaque poisson donne dix portions. Quel prix
doivent-ils vendre chaque portion afin d'enregistrer
un profit de 100 % sur l'investissement initial ?

Éric décide de gravir le mont Everest avec l'aide de sherpas. Il lui faudra six jours pour atteindre le sommet, mais il ne peut porter que quatre jours de nourriture dans son sac. Si les sherpas ne peuvent également porter que quatre jours de nourriture, combien de sherpas seront nécessaires à Éric pour atteindre le sommet ?

Vous êtes dans un pays étranger qui utilise un système monétaire qui vous est inconnu. Dans votre poche, vous avez seulement des pièces de 7 ¢ et de 11 ¢. Quel est l'article le plus dispendieux qui ne peut être acheté avec une combinaison des deux pièces ?

Tommy va à la banque pour encaisser son chèque de paye de 1 500 $, mais la banque est en rupture de certains billets. Le caissier encaisse le chèque de Tommy en utilisant un certain nombre de billets de 1 $, dix fois plus de billets de 5 $ que de 1 $, un certain nombre de billets de 10 $ et deux fois plus de billets de 50 $ que de 10 $. Combien de billets de chaque coupure lui donne le caissier ?

59

Caroline vendait des bonbons à la foire et s'est
retrouvée avec 2,46 $ en monnaie. Elle a le même
nombre de pièces de 1 ¢, de 5 ¢, de 10 ¢ et de 25 ¢.
Combien de pièces de chaque valeur
a-t-elle en main ?

Elena a décidé de courir 20 kilomètres pour se préparer pour le marathon. Elle a couru la première moitié au rythme de 5 kilomètres heure et la seconde moitié au rythme de 10 kilomètres heure. Quelle était sa vitesse moyenne ?

61

Vous avez cinq sacs identiques contenant chacun dix pièces d'or. Toutes les pièces d'or pèsent 1 livre chacune, sauf pour les pièces du cinquième sac. Dans ce cinquième sac, toutes les pièces d'or pèsent $9/10$ de livre chacune.

Comment pouvez-vous trouver quel sac contient les pièces les plus légères à l'aide d'une balance à plateau unique si vous ne pouvez utiliser la balance qu'une seule fois ?

62

Au cours de l'entraînement printanier, Derek et Bernard s'exerçaient à frapper des balles. Lors de sa première présence au bâton, Derek a réussi à frapper 75 des 100 lancers. Puis, Bernard a frappé 75 des 100 lancers. À la deuxième présence au bâton de Derek, il a frappé 35 des 50 lancers. Bernard n'est pas retourné au bâton. Qui a eu la meilleure moyenne au bâton de la journée, Derek ou Bernard ?

63

La petite Patricia joue aux blocs dans sa chambre. Elle décide d'empiler tous les blocs de sorte que chaque rangée compte un bloc de moins que la rangée précédente. Patricia a 55 blocs en tout et elle veut terminer avec un seul bloc au sommet. Combien de blocs doit-elle placer sur la première rangée ?

64

Une tasse de thé vert compte 25 % plus de caféine qu'une tasse de café. Si Greg boit cinq tasses de café et Tim boit quatre tasses de thé, qui a consommé le plus de caféine ?

65

Tous les animaux de compagnie d'Alison sont des chats sauf un. Tous les animaux de compagnie d'Alison sont des poissons rouges sauf un. Combien Alison a-t-elle de chats et de poissons rouges ?

66

À l'aéroport LaGuardia, il y a trois horloges à l'intérieur du terminal. L'horloge A indique 8 h, l'horloge B indique 8 h 50 et l'horloge C indique 8 h 20. L'une des horloges est en avance de 20 minutes, l'une a du retard et l'autre a une demi-heure de différence avec l'heure actuelle. Quelle heure est-il en ce moment ?

67

Il faut 17 minutes à 17 boulangers pour cuire
17 biscuits. Combien faut-il de boulangers pour
cuire 51 biscuits en 51 minutes ?

68

Sharon a deux boîtes. Chaque boîte contient quatre cuillères et quatre fourchettes. Sans regarder, vous prenez un ustensile dans chaque boîte. Quelles sont les chances qu'au moins l'un des ustensiles saisis soit une cuillère ?

69

Dans un groupe de 100 élèves, 70 ont perdu un
cahier, 75 un crayon, 85 une calculatrice
et 80 une règle. Quel est le nombre minimum
d'élèves qui ont sûrement tout perdu ?

70

Le chat Coco est plus lourd que le chat Lulu. Winston pèse plus que Fluffy, mais moins que Rocky. Fluffy est plus lourd que Lulu. Rocky pèse moins que Coco. Classez les chats en ordre décroissant de poids.

71

Une nouvelle marque de biscuits à la farine d'avoine compte 90 % moins de matières grasses que la marque ordinaire. Combien de biscuits réduits en matière grasse devez-vous manger pour obtenir la même quantité de matières grasses qu'un biscuit à la farine d'avoine ordinaire ?

Jackie se promenait sur la rue où elle a trouvé 4 $ sur le trottoir. Elle les met dans son sac à main avec l'argent qu'elle avait déjà et elle a maintenant cinq fois plus d'argent que si elle avait perdu 4 $. Combien Jackie avait-elle d'argent avant de trouver le 4 $?

73

Sammy a 50 pièces de monnaie dans sa poche qui équivalent à 1 $. Combien de pièces de chaque valeur a-t-il dans sa poche ?

74

Un escargot est au fond d'un puits de dix pieds de profondeur. Il gravit trois pieds par jour, mais durant la nuit, alors qu'il se repose, il glisse de deux pieds. À ce rythme, combien faudra-t-il de jours à l'escargot pour sortir du puits ?

75

Jean-Pierre a donné son premier cours de cuisine française et il y avait moins de 500 élèves. Un tiers du total est un nombre entier. De même qu'un quart, un cinquième et un septième des élèves. Combien y a-t-il d'élèves dans le cours de cuisine de Jean-Pierre ?

76

Beth est deux fois plus âgée que son frère et a la moitié de l'âge de son père. Dans 22 ans, son frère sera deux fois plus jeune que son père. Quel âge a Beth en ce moment ?

77

Si vous avez un groupe de mouches à 6 pattes et d'araignées à 8 pattes pour un total de 48 pattes, combien y a-t-il de mouches et combien y a-t-il d'araignées dans le groupe ?

Andy, Bill, Chris, David et Éric sont des souris qui apprennent à traverser un labyrinthe. Chaque fois qu'une souris atteint l'extrémité du labyrinthe, elle obtient une boulette de nourriture.

Jusqu'à maintenant, Andy a obtenu quatre boulettes de plus que Bill. Bill en a eu sept de moins que Chris. Chris en a eu cinq de plus que David et David en a eu trois de plus que Éric. Bill et David ont dix boulettes à deux. Combien de fois chaque souris a-t-elle traversé tout le labyrinthe jusqu'à maintenant ?

79

Jack a six frères. Chaque frère a quatre ans de plus que le frère suivant. L'aîné est trois fois plus âgé que le benjamin. Quel âge a chacun des frères ?

80

Avec des pièces de 1 ¢, de 5 ¢, de 10 ¢ et de 25 ¢,
combien de chaque pièce devrai-je vous donner si
vous voulez 1 $ en 28 pièces ?

81

Deux personnes peuvent fabriquer deux chapeaux
en deux heures. Combien faut-il de personnes pour
faire 12 chapeaux en 6 heures ?

82

Kelly est allée à la confiserie afin d'acheter exactement cent bonbons avec un dollar. Certains bonbons coûtent 10 ¢ pièce ; d'autres coûtent 3 ¢ pièce ; et d'autres coûtent 1 ¢ pour deux bonbons. Combien Kelly a-t-elle acheté de chaque bonbon ?

83

Anthony, Bill, Carl et Dave ont tous décidé de suivre des cours de chant. Carl a suivi deux fois plus de cours que Bill. Anthony a suivi quatre cours de plus que Dave, mais trois de moins que Carl. Dave a suivi 15 cours en tout. Combien Bill a-t-il suivi de cours ?

Patricia aime les chaussures. Elle en a dix paires de cinq couleurs différentes. Patricia est une personne paresseuse, cependant, et ne fait que les empiler dans une boîte quand elle les enlève. Elle doit partir en fin de semaine d'affaires, mais elle ne prépare ses valises que le matin même. Il fait encore noir dehors et elle ne peut pas voir la couleur des chaussures dans la boîte. Combien de chaussures doit-elle prendre pour s'assurer d'en avoir au moins deux de la même couleur ?

John est allé au Mexique où il a acheté un tableau à
2 500 $. Au retour, son ami Louis a vu la toile et la
lui a achetée pour 3 500 $. Quelques jours plus tard,
John l'a rachetée 4 500 $, en croyant qu'un jour elle
vaudrait plus cher. Il l'amena chez un marchand
d'art qui lui a offert 5 500 $. John le lui a vendu.
John a-t-il gagné ou perdu de l'argent ?

86

Le salaire hebdomadaire de Dan est 70 $ de moins que celui de Jerry, dont le salaire hebdomadaire est 50 $ de plus que celui de Sally. Si Sally gagne 280 $ par semaine, combien Dan gagne-t-il par semaine ?

87

Juanita aimait faire des casse-tête. Elle réussissait à essayer au moins un casse-tête par jour. Pour chaque casse-tête terminé, elle s'accordait deux points et pour chaque casse-tête non complété, elle soustrayait trois points. Après trente jours passés à assembler des casse-tête, Juanita n'avait aucun point.

Combien de casse-tête a-t-elle réussi à terminer ?

88

Patti a déménagé à Seattle et n'avait pas l'habitude de toute cette pluie. Elle a décidé de fabriquer un indicateur de pluie pour mesurer la quantité de pluie hebdomadaire. Cette semaine-là, il a plu chaque jour, en commençant le lundi, et chaque jour la quantité de pluie de l'indicateur doublait. Le dimanche suivant, l'indicateur était plein. Quel jour était-il à demi plein ?

Un concessionnaire automobile a réduit le prix d'un de ses modèles de 25 % lors de sa vente de fin d'année. De quel pourcentage de vente doit-il augmenter le prix de ce modèle pour revenir au prix de vente initial ?

Avec des pièces de 1 ¢, de 5 ¢, de 10 ¢ et de 25 ¢, combien de pièces faut-il pour obtenir 1 $ avec six pièces ?

91

Brian a décidé de demander la main d'Andrea et est allé courir les boutiques pour acheter une bague. À la première bijouterie, il a trouvé une bague de un carat pour 3 000 $. À la deuxième bijouterie, la même bague de un carat se détaillait 3 500 $. La première bijouterie avait des frais de retour de 20 %, tandis que la seconde n'en avait pas. S'il y a 50 % de chances qu'Andrea dise non, pour quelle bijouterie Brian devrait-il opter de façon à minimiser son risque ?

Au cours d'une rencontre au sommet, John est responsable de la sécurité de deux diplomates, un de la France et un de l'Angleterre. John a 25 % de chances de contrecarrer une tentative d'assassinat contre le diplomate français et 50 % de chances de contrecarrer une tentative d'assassinat contre le diplomate anglais. S'il y a six personnes au sommet qui tenteront d'assassiner le diplomate français et dix personnes qui tenteront d'assassiner le diplomate anglais, lequel court le plus de risques d'être assassiné ?

93

Michaël occupe un emploi au kiosque de produits où il doit empiler les oranges. Son patron lui a demandé d'empiler 35 oranges de façon à ce que chaque rangée d'oranges en compte une de plus que la rangée du dessus. Combien de rangées d'oranges avait Michaël lorsqu'il a terminé ?

Il y a un mât de drapeau en plein centre du lac Tahoe. La moitié du mât est enseveli au fond du lac, un tiers est couvert d'eau et le mât dépasse la surface du lac de dix pieds. Quelle est la longueur totale du mât ?

95

À l'école secondaire de Varennes, tout le monde participe à un sport d'équipe. Il y a cinq joueurs de soccer de plus que de joueurs de baseball. Il y a trois élèves de plus dans l'équipe d'athlétisme que dans l'équipe de baseball. Il y a deux joueurs de football de plus que de joueurs de hockey. Il y a trois élèves de plus dans l'équipe d'athlétisme que dans l'équipe de football. Le nombre de joueurs de baseball et de football est de huit. Combien y a-t-il de joueurs dans chaque équipe ?

Il faut à Marie une heure pour installer du tapis dans une chambre à coucher de 9 pieds de largeur par 12 pieds de longueur. Combien de temps lui faudra-t-il pour poser un tapis dans le séjour qui est deux fois plus long et deux fois plus large ?

97

L'école secondaire a un concours annuel de lutte à la corde entre les joueurs des équipes sportives. Avec trois joueurs de football d'un côté et deux joueurs de baseball de l'autre, la partie est nulle. Pareillement, avec trois joueurs de soccer d'un côté et quatre joueurs de baseball de l'autre, la partie est nulle. Quel côté, le cas échéant, l'emporterait si cinq joueurs de football affrontaient deux joueurs de soccer ?

Vincent a conduit d'Atlantic City à New York à la vitesse de 32 kilomètres à l'heure. En arrivant à New York, il s'est rendu compte qu'il avait oublié son portefeuille et est revenu à la maison à la vitesse de 64 kilomètres à l'heure. Le voyage aller-retour dure six heures en tout. Quelle est la distance entre Atlantic City et New York ?

Tommy et Ralph sont tous les deux propriétaires de boutiques de vêtements qui vendent les mêmes articles. Tommy vend la même paire de chaussures que Ralph, et elles valent toutes les deux 100 $. Tommy décide de réduire son prix de 25 % et Ralph riposte en réduisant son prix de 30 %. Lorsque Tommy se rend compte que Ralph a réduit le prix de ses chaussures, Tommy réduit encore son prix de 15 %. En retour, Ralph réduit de nouveau son prix de 10 %. Qui vend les chaussures les moins chères ?

Carlos joue à la roulette à Las Vegas. S'il y a trente-six chiffres sur la roulette, décidez sur quel nombre à deux chiffres a misé Carlos selon les conditions suivantes :

Le nombre se divise par trois.

La somme des chiffres est entre quatre et huit.

C'est un nombre impair.

Lorsque les chiffres sont multipliés, ensemble, le total est entre quatre et huit.

101

Au centre commercial en gros, on peut acheter
de gros contenants de jus d'orange et de
jus de pomme.

Sur la tablette, il y a six contenants, chacun
comprenant les quantités suivantes :
Contenant A : 30 litres
Contenant B : 32 litres
Contenant C : 36 litres
Contenant D : 38 litres
Contenant E : 40 litres
Contenant F : 62 litres

Cinq des contenants contiennent du jus d'orange, et
le sixième, du jus de pomme.

Deux clients entrent au magasin pour acheter
deux contenants de jus d'orange. Le deuxième
client achète deux fois plus de jus d'orange
que le premier client.
Quel contenant contient le jus de pomme ?

102

Vous avez une bobine contenant 100 mètres de fil. Vous avez besoin de 100 longueurs de 1 mètre chacune. S'il vous faut une seconde pour mesurer et couper chaque mètre. Combien de temps vous faudra-t-il pour couper 100 longueurs de fil ?

103

Bill, Patricia et Beth sont frères et sœurs, mais ils sont de tailles fort différentes. Patricia mesure 14 pouces de plus que Beth. La différence entre Patricia et Bill est de 2 pouces moindre que celle entre Bill et Beth. Du haut de ses 6 pieds et 6 pouces, Patricia est la plus grande. Quelle est la taille de Bill et de Beth ?

104

Alex, Marie et Pierre travaillent à l'usine. Alex gagne la moitié du salaire de Marie. Pierre gagne trois fois le salaire d'Alex. S'ils gagnent ensemble 144 $ par jour, quel est le salaire quotidien de chacun ?

105

Si 10 poules peuvent pondre 15 œufs par semaine,
combien d'œufs peuvent pondre 15 poules en
deux semaines ?

106

À l'aide d'un boyau d'arrosage, comment pouvez-vous
mesurer un litre d'eau si vous ne disposez que d'une
cruche de trois litres et d'une autre de cinq litres ?

107

Chris a 33 ans aujourd'hui. Il est trois fois plus âgé
que Paul était lorsque Chris avait l'âge que Paul a
aujourd'hui. Quel âge a Paul ?

108

Un certain livre coûte 12 $ de plus en grand format qu'en
format poche. Si le prix du format poche est le deux tiers
du prix du grand format, combien coûte le livre en
grand format ?

109

Georges prend le métro pour se rendre au travail tous les jours. Il monte à bord au premier arrêt et fait habituellement une sieste. Georges s'endort tandis que le métro a encore deux fois plus de distance à parcourir que de distance parcourue. À mi-trajet, Georges se réveille pour jeter un œil au cadran de sa montre. Quand il se rendort, le métro a encore la moitié de la distance parcourue à parcourir. Georges se réveille à la fin du trajet et va travailler. Quelle est la portion du trajet pendant laquelle Georges a dormi ?

110

Justine prévoit parcourir le pays en voiture. Le premier jour, elle parcourra quelques kilomètres, et ajoutera chaque jour 20 kilomètres de plus. Le trajet compte au total 1 080 kilomètres. Combien de kilomètres parcourra-t-elle le dernier jour ?

111

Cinq retraités se rencontrent chaque semaine pour une partie de bridge. Ils s'assoient à une table à six places. S'ils choisissent de s'asseoir à des endroits différents chaque semaine et épuisent toutes les options, depuis combien de temps ces retraités jouent-ils ensemble ?

112

Tim et Greg sont des couvreurs. Tim gagne 100 $ par jour et Greg 75 $. S'ils viennent tout juste de terminer un contrat où ils ont facturé 1 000 $ de travail au client, combien de jours ont-ils passés sur le toit ?

113

Un bijoutier fabrique des bagues en or. Après 11 bagues, il a suffisamment de résidu d'or à faire fondre pour fabriquer une autre bague. Combien de bagues peuvent être fabriquées à partir des résidus de 250 bagues en or ?

114

Dans une distributrice géante de gommes à mâcher, il reste 71 boules de gomme. Les saveurs sont le citron, la framboise, l'orange et le raisin. Il y a deux fois plus de boules de gomme au citron qu'à la framboise. Il y a une boule de gomme à l'orange de moins qu'à la framboise, et il y a six boules de gomme au raisin de moins qu'au citron. Combien de boules de gomme devriez-vous prendre dans la distributrice pour être certain d'avoir au moins deux saveurs ?

À la poissonnerie, un esturgeon pèse 120 livres
et un espadon pèse 36 livres. Quel est le poids d'un
flétan et d'un mérou si le mérou et l'espadon pèsent
ensemble le même poids que l'esturgeon
et le flétan ?

116

Il est midi à la gare centrale lorsque Charlie demande au vendeur de billets à quelle heure est le prochain départ pour le Connecticut. On lui répond que le prochain train part lorsque l'aiguille des minutes et celle des heures de l'horloge seront exactement alignées de nouveau. Combien de temps Charlie devra-t-il attendre avant le départ du prochain train ?

117

Marie-Hélène a invité sept personnes à son anniversaire et tout le monde veut une part de gâteau. Comment peut-elle couper le gâteau en huit parts si elle ne peut faire que trois coupes droites et qu'elle ne peut pas déplacer les parts en les découpant ?

Est-il possible de tracer six X sur un plateau de
tic-tac-toe sans qu'il y en ait trois alignés dans
n'importe quelle direction?

Dans le champ du fermier, il faut à 10 vaches
20 jours pour brouter toute l'herbe. S'il y a 15 vaches
dans le champ, il n'y aura plus d'herbe dans
10 jours. Combien de temps faudra-t-il à 25 vaches
pour brouter toute l'herbe du champ ?

120

Avec un budget de 100 $, Jim a besoin d'acheter
100 agrafeuses pour son entreprise. Il doit acheter
exactement 100 agrafeuses et utiliser son budget
tout entier. Si les agrafeuses géantes coûtent 6 $
chacune, que les agrafeuses standard coûtent 3 $
chacune et que les agrafeuses miniatures coûtent
10 ¢ chacune, combien de chaque sorte d'agrafeuses
Jim doit-il acheter ?

121

Laura est allée acheter des vêtements pour l'école
et a dépensé la moitié de son argent pour s'acheter
un nouveau manteau. Puis, elle a dépensé la moitié
de ce qu'il lui restait pour une paire de souliers
de course. S'il lui reste 25 $, combien d'argent
a-t-elle dépensé ?

122

À la quincaillerie, vous pouvez acheter des clous en boîtes de 6, 9 ou 20. Quelle est la plus grande quantité de clous qu'il est impossible d'acheter avec des combinaisons de ces boîtes ?

123

Une boîte contient deux pièces de monnaie. L'une des pièces a une face de chaque côté, l'autre est pile d'un côté et face de l'autre. Une pièce est tirée de la boîte au hasard et on voit un côté. Si ce côté est côté face, quelles sont les chances que l'autre soit également face ?

124

Avec un sablier de quatre minutes et un autre de sept minutes, comment compter neuf minutes ?

125

Éric a six pièces de monnaie dans sa poche pour une somme de 1,15 $. Il ne peut faire de la monnaie pour 1 $, 50 ¢, 25 ¢, 10 ¢ ou 5 ¢. Quelles pièces a-t-il en poche ? (Indice : Au moins l'une de ces pièces peut être une pièce de 50 ¢.)

126

Bill et Mick sont deux collectionneurs de carabines. Si Bill devait vendre sept carabines à Mick, Bill aurait alors autant de carabines que Mick. D'un autre côté, si Mick devait vendre sept carabines à Bill, alors Bill aurait exactement deux fois plus de carabines que Mick. Combien chaque personne possède-t-elle de carabines ?

127

Robert peut manger 100 arachides en 30 secondes et Mathieu peut en manger la moitié en deux fois plus de temps. Combien d'arachides Robert et Mathieu peuvent manger en 15 secondes ?

128

Terry et Dan donnaient à leur ami les résultats des courses de chevaux. Il y avait trois chevaux dans la course : Rocko, Arlequin et Tac-o-tac. Terry a dit à son ami que Rocko avait gagné la course et qu'Arlequin était arrivé deuxième. Dan a dit à son ami que Tac-o-tac avait gagné la course et que Rocko était arrivé deuxième.

En vérité, cependant, ni l'un ni l'autre n'a donné les résultats actuels de la course. Chacun d'eux a donné un bon et un faux énoncé. Dans quel ordre les chevaux ont-ils franchi le fil d'arrivée ?

Monsieur McFadden, le propriétaire d'une distillerie, est mort dernièrement. Dans son testament, il a laissé en héritage 21 barils de scotch (dont 7 sont pleins, 7 sont à moitié pleins et 7 sont vides) à ses trois fils. Cependant, le scotch et les barils doivent être divisés de façon à ce que chaque fils ait le même nombre de barils pleins, le même nombre de barils à moitié pleins et le même nombre de barils vides. S'il n'y a pas de mesures disponibles, comment les barils et le scotch peuvent-ils être répartis équitablement ?

130

Karen est allée au marché de producteurs pour acheter des fruits. Elle a acheté trois boîtes de fruits : une de cerises, une de fraises et une de cerises et de fraises. L'homme qui lui a vendu les fruits a étiqueté les boîtes, mais il était pressé et a mal identifié chacune d'elles.

Comment pourriez-vous bien étiqueter les boîtes si vous n'aviez le droit de regarder qu'un fruit d'une seule boîte ?

Vous êtes dans une pièce où il y a deux portes. Derrière l'une d'elles, il y a un lion qui vous mangera vivant si vous l'ouvrez. La deuxième porte vous permettra de sortir de la pièce. Dans la pièce, il y a deux hommes qui savent quelle porte est sécuritaire. L'un des hommes dit toujours la vérité et l'autre ment toujours. Si vous ne pouvez poser qu'une seule question à l'un d'eux, quelle question poseriez-vous pour être certain de choisir la bonne porte ?

Pete est arrivé à l'hippodrome à la fin de la première course. Il a demandé à son ami quels étaient les résultats de la course. Son ami lui a répondu :

Dynamite est arrivé devant Topaze et après Lilouchka. Lilouchka est arrivé à égalité avec Dynamite si, et seulement si, Sir Oscar n'est pas arrivé à égalité avec Cœur de Lion. Dynamite est arrivé le même nombre de positions derrière Cœur de Lion que Cœur de Lion après Lilouchka si, et seulement si, Lilouchka est arrivé avant Topaze.

Quel était le classement final des cinq chevaux ?

Yolanda, Julie et Dan se sont inscrits au club d'observation des oiseaux et sont allés au parc pour faire de l'observation. Chacun d'eux a vu un oiseau qu'aucun des deux autres n'a vu. Chaque paire d'amis a vu un oiseau que le troisième n'a pas vu. Un oiseau a été vu par les trois amis. Des oiseaux observés par Yolanda, deux étaient jaunes. Des oiseaux observés par Julie, trois étaient jaunes. Des oiseaux observés par Dan, quatre étaient jaunes. Combien d'oiseaux jaunes ont été observés en tout ?

134

Dominic, Tom, Rob et Matt sont allés à une soirée-bénéfice. En arrivant, ils ont laissé leurs manteaux, chapeaux, gants et cannes au vestiaire (chacun en avait un de chaque). En repartant, il y a eu un mélange et chacun des hommes s'est retrouvé avec un seul article lui appartenant et trois articles ne lui appartenant pas. Dominic et Tom avaient leur propre manteau, Rob avait son propre chapeau et Matt avait ses propres gants. Dominic n'avait pas la canne de Rob. Avec les articles de qui chaque homme s'est-il retrouvé ?

Thierry est un spécialiste en explosifs qui câble une caverne pour une explosion. Il a 45 minutes pour sortir de la caverne avant l'explosion, mais il n'a pas de montre. Il n'a en sa possession que deux mèches qui brûleront exactement une heure chacune. Elles ne sont ni de la même longueur, ni de la même taille et il ne peut donc pas mesurer, une demi-heure en remarquant lorsqu'elles seront à moitié brûlées. Avec l'aide des deux mèches, comment Thierry peut-il compter 45 minutes ?

136

Une araignée mange trois mouches par jour. Jusqu'à ce que l'araignée ait atteint son quota, une mouche a 50 % de chance de survie si elle tente de passer par la toile d'araignée. En présumant que 5 mouches ont déjà tenté de passer par la toile, quelle est la probabilité que la sixième survive à sa tentative ?

137

Un bureau compte 27 employés. S'il y a 7 femmes
de plus que d'hommes, combien y a-t-il de femmes
en tout ?

Jerry se rend au centre commercial pour s'acheter une souris, un clavier et des haut-parleurs pour son ordinateur. Après avoir fait le tour des boutiques, il a trouvé le meilleur prix pour chaque article. La somme du prix des haut-parleurs, plus 6 fois le prix de la souris, moins 3 fois le prix du clavier équivaut à 17 $. De plus, 4 fois le prix du clavier, moins 2 fois le prix des haut-parleurs, plus 7 fois le prix de la souris équivaut à 13 $. De plus, 17 fois le prix du clavier, plus 30 fois le prix de la souris, moins 8 fois le prix des haut-parleurs équivaut à 63 $. Combien d'argent Jerry a-t-il dépensé au centre commercial ?

139

Éric a 100 $ de plus que Ron. Après qu'Éric a dépensé 20 $ en épicerie, Éric a 5 fois plus d'argent que Ron. Combien d'argent Ron a-t-il ?

140

Nico a acheté un appareil photo, une règle et une crème glacée pour 53 $. Il a payé 52 $ de plus pour l'appareil photo que pour la crème glacée et la règle a coûté deux fois plus que la crème glacée. Quel était le prix de chaque article ?

Il y a suffisamment de boules de gomme dans un sac pour en donner 12 à chacun des 20 enfants, sans qu'il en reste. Si cinq des enfants n'en veulent pas, combien de boules de gomme peuvent être données aux autres enfants ?

142

Une voiture de métro passe en moyenne trois stations toutes les 10 minutes. À ce rythme, combien passera-t-elle de stations en 1 heure ?

143

Imaginez que vous avez trois boîtes. L'une contient deux billes noires, l'une deux billes blanches et la troisième une bille noire et une bille blanche. Les boîtes ont été étiquetées selon leur contenu (NN, BB et NB). Par contre, quelqu'un a changé les étiquettes de boîtes et elles sont maintenant incorrectement identifiées. Vous pouvez tirer une bille à la fois d'une boîte, sans regarder à l'intérieur et par ce processus d'échantillonnage, vous devriez être en mesure de déterminer le contenu des trois boîtes. Quel est le plus petit nombre de billes qui doivent être tirées pour y arriver ?

144

Une éleveuse reçoit 100 $ pour acheter 100 bêtes.
Elle doit dépenser tout son argent. Une vache coûte
10 $, un cochon coûte 5 $ et une poule coûte 50 ¢.
Combien doit-elle acheter de chaque animal pour
dépenser tout son argent et obtenir exactement
100 bêtes ?

Les actions d'IBM se sont vendues l'an dernier entre 70 $ et 80 $. Il y a un an, le prix des actions d'IBM était plus bas ou égal au prix des actions de son concurrent, Microsoft. Les actions de Microsoft sont actuellement à exactement un huitième de point de leur prix de l'an dernier, mais le prix des actions d'IBM a baissé et correspond maintenant seulement aux deux tiers du prix des actions de Microsoft. Quel est le prix actuel des deux actions ?

146

À l'école secondaire, 10 % des élèves consomment des drogues illicites. Un contrôle antidopage donne un résultat correct 90 % du temps, que les élèves consomment ou non des drogues. Un élève au hasard doit subir le contrôle antidopage et le résultat est positif. Quelle est la probabilité qu'il consomme de la drogue ?

147

Un casino n'utilise que des jetons de 5 $ et de 8 $ pour les jeux de roulette standard. Quelle est la mise la plus élevée qui ne peut être faite avec ces jetons ?

148

Une chaussure pèse huit onces. Un parapluie équivaut à un livre et une chaussure. Cinq livres équivalent à un parapluie et une chaussure. Un chapeau équivaut à un parapluie et un livre. Quel est le poids du parapluie, du livre et du chapeau ?

149

Au cours de ses 5 tours, un joueur de billard a empoché 100 boules de billard. Chaque tour, il a empoché six boules de plus qu'au tour précédent. Pouvez-vous deviner combien de boules ont été empochées à chacun de ses cinq tours ?

150

Une entreprise a envoyé ses employés à Las Vegas pour le week-end. Certains employés ont décidé de fréquenter une boîte de nuit. Le droit d'entrée de la boîte de nuit était de 10 $ pour les hommes et de 6,50 $ pour les femmes. Bien qu'il y ait plus d'hommes que de femmes dans la boîte de nuit, le pourcentage d'hommes qui n'y est pas allé était deux fois plus élevé que le pourcentage de femme qui n'y est pas allé. Connaissant ce pourcentage et le nombre total d'employés, il est possible de déduire la somme des droits d'entrée défrayés par le groupe. S'il y avait entre 60 et 100 employés à Las Vegas, combien d'entre eux ont fréquenté la boîte de nuit ?

À l'occasion d'une partie de baseball normale de neuf manches, quel est le nombre minimum de lancés qu'un lanceur, qui est en poste tout au long de la partie, doit lancer ? Ce lanceur est-il de l'équipe locale ou de l'équipe visiteuse? Les visiteurs sont les premiers au bâton. La réponse n'est ni 24 ni 27.

152

Quel est le plus petit nombre de pièces de monnaie
(50 ¢ y compris) nécessaires pour avoir la monnaie
exacte de tous les articles qui coûtent de 1 ¢ à 1 $
en augmentant de 1 ¢ à la fois ?

Un homme est au haut d'une colline surplombant un lac calme. Ses yeux sont à 100 mètres au-dessus de la surface du lac. Il voit un ballon dans le ciel. Il découvre que l'angle d'élévation du ballon est de 30 ° et que l'angle de dépression de la réflexion du ballon sur le lac est de 60 °. Quelle est la hauteur du ballon au-dessus du lac ?

154

Un train d'une longueur de ½ kilomètre entre dans un tunnel de 10 kilomètres de long. Si le train voyage à une vitesse de 35 kilomètres à l'heure, combien de temps le train prendra-t-il pour traverser le tunnel ?

155

Chris, Leila, Nico et José sont membres du Club métropolitain. Chaque paire de membres siège à un et un seul comité du club. Chaque comité compte trois membres. Quel est le plus petit nombre de membres possible et combien y a-t-il de comités ?

Un magasin augmente le prix de ses téléviseurs à écran à plasma de 25 % pour les Fêtes. Après la période, il réduit son prix de 25 %. Le prix des téléviseurs est-il plus bas, plus élevé ou identique à avant ?

Jacques lance sa propre entreprise de vente de tables de billard en ligne et il veut retenir les services de Federal Express pour la livraison. FedEx a deux camions qui peuvent s'occuper de tables de billard, un grand et un petit. Le grand camion est deux fois plus haut, deux fois plus large et deux fois plus long que le petit. FedEx a décidé de demander 500 $ par envoi pour chaque livraison d'un petit camion rempli. Considérant que le prix est basé sur le volume du camion, quel prix devrait demander FedEx pour un grand camion rempli à pleine capacité ?

158

Une enseignante apporte un sac de 35 sucettes pour ses 3 élèves. John prend les trois cinquièmes des sucettes et Bill a les trois quarts de la part de Paul des sucettes restantes. Quelle part du total de sucettes a Paul ?

159

Un vote a été tenu lors d'une assemblée publique locale pour savoir quels journaux lisaient les citoyens. 64 % lisaient le *Sun Times*, 22 % lisaient le *Post* et 7 % lisaient les deux. Quel pourcentage de citoyens ne lisait pas de journaux ?

160

Ira vendait des climatiseurs au cours d'une période
de canicule de cinq jours. Au total, il a vendu
30 climatiseurs et chaque jour il en vendait 3 de
plus que le jour précédent. Combien de climatiseurs
a-t-il vendus le premier jour ?

Il y a 100 participantes à l'occasion d'un concours de beauté. Chacune des participantes a soit les cheveux blonds soit les cheveux bruns. De chaque paire de participantes, au moins une est blonde. Combien de participantes ont les cheveux blonds et combien ont les cheveux bruns ?

162

Jenny tente d'évaluer le poids d'un fromage entier.
Elle sait qu'un cinquième d'une livre de fromage
équivaut à deux cinquièmes du fromage entier.
Combien pèse le fromage entier ?

Un fermier tente de remplir un petit étang sur son terrain afin que le bétail puisse s'abreuver. Il retient les services de deux entreprises pour remplir l'étang. L'une d'elles peut remplir l'étang en deux heures, tandis que l'autre peut s'en charger en cinq heures. Cependant, la terre absorbe le tout en six heures. Si les deux entreprises remplissent l'étang, et que la terre absorbe l'eau, combien de temps faudra-t-il pour remplir l'étang ?

164

Lors de la fête de Noël d'une entreprise, un tiers des employés sont partis tôt. Plus tard dans la soirée, deux cinquièmes du reste des employés sont partis, et quelques heures plus tard, deux tiers des employés restants sont rentrés à la maison. S'il reste encore six employés à la fête, combien y en avait-il au début de la fête ?

Une boîte de chocolats peut être divisée équitablement entre 3, 5 ou 13 personnes. Quel est le plus petit nombre de chocolats possible dans la boîte ?

166

Wayne le livreur reçoit 500 $ pour toute livraison à temps. Le seul problème, c'est qu'il doit faire des excès de vitesse pour arriver à temps. Il reçoit des contraventions pour excès de vitesse 25 % du temps. Il est donc en retard pour sa livraison, ce qui signifie qu'il n'est pas payé et qu'il doit débourser 200 $ pour régler sa contravention. Combien gagne en moyenne Wayne par livraison ?

Fernando étudie une sorte de bactérie qui se multiplie chaque minute. Il met un élément de bactérie dans une boîte de Petri et la bactérie se divise après une minute. Une minute plus tard, les deux bactéries se divisent de nouveau. Une minute plus tard, les quatre bactéries se divisent, et ainsi de suite. Après trois heures, la boîte est à moitié pleine. Combien de temps faudra-t-il encore avant que la boîte soit complètement pleine ?

Quatre amis décident d'aller au cinéma. À
leur arrivée, il y a quatre places libres dans la salle.
Combien de combinaisons différentes sont possibles
pour que les quatre amis s'assoient ensemble
à cet endroit ?

169

Si tout le monde du quartier sud de Chicago possède un nombre pair de voitures, que personne n'en possède plus que 100 et que personne n'a le même nombre de voitures que quelqu'un d'autre, quel est le maximum de voitures dans ce quartier ?

Un clown vient tout juste d'apprendre à jongler avec quatre balles.

Il commence avec deux balles dans chaque main, puis lance une balle d'une main, puis une balle de l'autre main, puis la balle restante de la première main, et ainsi de suite. À l'exception du premier lancer de chaque main, il y a un moment où la main qui lance ne tient plus rien après chaque lancer.

Combien de lancers doivent être faits pour que les balles reviennent dans leurs mains d'origine ?

171

Avec la montée en flèche du prix des cigarettes, Danny a décidé de ramasser des mégots. Avec cinq mégots, il peut fabriquer une nouvelle cigarette. Il a trouvé 25 mégots. Combien de cigarettes peut-il donc fumer ?

172

À l'université, il y a 4 215 étudiants de première année, 3 401 étudiants de deuxième année, 1 903 étudiants de troisième année et 1 757 étudiants de quatrième année. Un étudiant sera choisi au hasard pour recevoir une récompense. Quel est le pourcentage de chance qu'il s'agisse d'un étudiant de troisième année ?

173

Albert, Bob et Carl mangent à un buffet. Albert visite le buffet 2,4 fois plus souvent que Bob et Bob 6 fois moins souvent que Carl. Quel est plus petit nombre de visites possible au total, considérant que chaque personne fait au moins une visite ?

Sudoku

	6		9				4	
9		1	5					2
			8	4			6	
						9	2	8
		4		3		7		
5	1	2						
	3			8	4			
7					9	1		4
	8				2		9	

		7		4		1		
	2		1		5		6	
1			3		8			2
	5	4				8	9	
2								6
	7	6				5	2	
5			8		7			9
	3		5		6		7	
		1		9		3		

8								2
	5		6		9		4	
		2	4		5	1		
	3	8		5		4	1	
			3		8			
	6	7		4		3	5	
		4	8		1	6		
	8		2		6		7	
3								1

				3				
		1	8		9	2		
	4	2				5	8	
	5			4			3	
4			6		2			1
	1			8			7	
	7	6				1	9	
		8	3		5	4		
				6				

		3		1		4		
		8		5		9		
6	9						7	8
			6	9	1			
3	4		2		8		5	1
			3	4	5			
7	8						9	6
		4		6		1		
		6		8		7		

		6	2		1	4		
	1		7		8		9	
7				9				2
3	8						4	1
		4				8		
1	2						6	3
2				1				4
	4		5		6		3	
		9	3		4	1		

1		7				3		8
			8		7			
4				1				6
	3		1		8		6	
		4				2		
	5		3		2		9	
9				7				3
			4		5			
3		1				7		2

		5	2		7	3		
	7		8		1		5	
1				6				7
4	1		7		9		3	5
		7				9		
5	6		3		8		2	4
7				8				2
	2		1		4		7	
		1	5		2	8		

			9		2	8		
		3		7		9		
5	8						4	
9			3		4			5
	1			9			2	
8			2		7			4
	3						1	6
		5		8		4		
		7	5		1			

2	7						4	3
9	5			6			8	2
			3		7			
		4		5		3		
	8		1		9		6	
		2		7		9		
			5		6			
4	2			1			3	6
5	1						9	7

	7		8	2	3		6	
3		5				4		2
	1						7	
4			3		1			8
1				8				7
6			7		2			5
	4						3	
7		6				8		4
	2		1	3	4		5	

2	7			3			6	8
9			4		6			2
		6				5		
	1			4			3	
6			8		1			5
	2			9			8	
		8				2		
1			7		8			3
3	6			5			9	7

		8	3				7	
7	5		1				4	
			2	7	5			6
		2				6	3	9
		4				2		
3	8	6				4		
2			5	4	9			
	1				6		2	4
	4				2	5		

1			7		2			6
		5		8		1		
	7		1		6		2	
6		3				4		2
	8						1	
7		4				6		9
	9		2		3		5	
		7		1		9		
5			9		8			4

7	9				8		2	
	6	4						
						5	6	1
2		7			4			8
			2	1	7			
4			5			3		2
1	4	8						
						1	3	
	2		4				9	6

		9			2			1
	2			8		6		
1			4			2	7	
	8					4		
			7	3	5			
		1					6	
	4	2			1			9
		3		2			8	
5			6			7		

8					6		2	3
		9			8			
		5	3		7		8	
				2		8	7	
9								4
	8	3		9				
	7		5		1	6		
			8			3		
3	6		4					1

		7				1		
		2	9		3	8		
8	4		7		2		3	9
	9	6		8		2	5	
			2		5			
	5	4		9		3	8	
6	8		4		1		9	3
		9	5		6	4		
		3				5		

		4			9		3	5
	7	3	2				9	
		6		4				
				8		3		2
	9						6	
4		5		3				
				7		6		
	8				3	9	7	
5	4		6			1		

			9					7
	1	9	5		2			
		6				9	1	5
4	2				6			
			1				3	4
9	4	8				5		
			4		1	8	9	
5					7			

			7	9	6		5	
2		3				4		
	6						8	
9			4		5			6
7								8
6			8		2			1
	7						1	
		8				6		3
	5		6	3	7			

1			7		2			
5		9		6				
6						4	5	
	8		2				7	
		2				9		
	5				8		3	
	7	6						8
				4		7		3
			8		9			5

3	9				4			5
		8	5		1			7
		5		9		2	4	
9	1						3	
		7				9		
	8						2	1
	4	3		8		1		
8			3		5	4		
7			9				8	3

				1	7		2	
2		1						8
		8		9		1	6	
							1	
4			6		3			2
	6							
	9	2		7		6		
5						9		7
	8		5	4				

			5				2	
8		1			9			
		3	1	6				4
9		4		7				1
	3						8	
1				4		2		6
6				9	4	3		
		3				9		7
	1			5				

				8	6	3		
	6	5			3		9	
9		1				8	4	
3	1							
4				2				5
							7	3
	8	6				5		7
	2		5			6	3	
		3	2	6				

6				8				5
			5		2			
		5	3		1	8		
	2	8	7		5	3	9	
5								2
	7	4	6		9	5	1	
		6	1		8	9		
			2		4			
8				3				7

6	7	2						
				1	9			
	3			5	2	6		4
	2			3	1			
		5				4		
			9	2			1	
8		4	2	6			3	
			3	9				
						2	6	7

2				9				8
		1				9		
	7		4		8		3	
		7		5		8		
4			9		2			6
		9		1		5		
	3		1		5		7	
		4				3		
7				8				4

5	7	4					3	
			8					6
			7	3				4
3	2	5						
		7		6		5		
						9	4	2
4				1	8			
6					7			
	3					2	1	5

3					1		4	2
	7			9		3		
			6				7	
		4		8		6		3
			3	4	2			
1		3		6		7		
	5				3			
		7		2			5	
2	1		7					9

				9		3		8
4		2			7			
3			8		1			
5						2	7	
	4			8			3	
	3	6						4
			3		9			7
			2			6		1
6		7		1				

	7	8			3		5	
4	3	6						
				8			9	
		5	3					8
			5	9	6			
6					1	7		
	1			6				
						2	8	7
	8		9			4	1	

8			1		9			6
	2			4			3	
		9				8		
3				1				7
	8		9	3	6		1	
5				8				9
		1				4		
	5			9			7	
6			2		4			5

7				5				1
		4	7		8	6		
	8			6			7	
	2		4		3		6	
8		6				2		9
	5		6		9		4	
	7			9			2	
		5	3		2	7		
4				1				6

					1		9	2
			4	3			1	
3		5						6
7	2					6		
	6			9			2	
		1					7	9
9						7		8
	3			5	7			
8	7		3					

1	3			9				5
	8				3	9	7	4
			8	7				
		5				7		
			4	8	5			
		2				1		
				4	8			
5	2	1	9				8	
4				2			9	7

	1							2
	3				5			6
				4	6	3	1	
	4		8					3
		1		7		8		
3					1		9	
	2	9	5	1				
8			9				6	
1							7	

6	9							5
			2					8
		4	8	5		6		
				3		8	9	
		7	6		5	3		
	6	3		4				
		9		8	2	4		
3					9			
8							2	7

		9	8		1			
	4				2	7	1	
	5			4				2
6	8							7
		3				6		
2							4	3
9				6			2	
	7	5	2				8	
			9		8	3		

				4	7			
			1				3	
	8	9		3		6		
8			7		3		6	
5		7				2		3
	9		2		8			1
		2		7		9	1	
		5			1			
			6	9				

		5	8					2
		6		7				
	9		6	2			3	
	1				9		5	
7		8				1		9
	5		3				6	
	4			6	3		2	
				9		4		
1					2	3		

	9					8		
			4				7	
8	1		9	2				
	3	4			7			8
		6		4		2		
1			5			7	3	
				6	3		8	2
	6				4			
		8					9	

	7	8	3				1	
1				4				2
			9					7
			6		9	1		4
	4						5	
3		5	8		4			
7					6			
2				9				3
	1				7	2	8	

		7	2			6	8	
6					3			
5				1				4
	5			6				8
		4	8	9	7	1		
8				2			6	
1				7				9
			9					6
	4	5			6	3		

			7			1		
			5		6	7		
2	8							6
	1		3				9	4
				9				
6	3				4		8	
4							6	2
		5	4		7			
		2			8			

2				5				4
			6	8	4			
		8				6		
	4		3		2		9	
5	1						6	3
	3		5		7		1	
		4				9		
			9	2	5			
3				4				5

			6	7			4	
1								6
			1		8		9	
	4	7						9
		5		6		8		
6						3	2	
	8		4		5			
7								3
	5			1	9			

3	7							
		6			2	1	8	
					8	3		
		1	7	3				9
5		3		6		7		8
7				9	1	6		
		5	4					
	4	7	6			8		
							4	2

	6	2		4	5		9	
8					2			4
					8			1
7	5	3						
2								7
						5	4	3
5			6					
1			4					2
	4		2	8		3	7	

2		7	4				6	5
	6							8
4	3				1	7		
8								
			2	7	6			
								6
		2	8				3	4
7							8	
1	4				3	9		7

	9				1			
			7			3		
		3	9				2	
2			4	9		1		5
8				5				2
5		4		1	8			9
	5				2	4		
		8			3			
			5				7	

		2	4		8	7		
		8				3		
5	9						6	8
8			1		6			4
				7				
7			8		4			6
2	7						8	9
		3				6		
		4	2		5	1		

2	1		8					
		8	5			6		
		7		1				
9		1			7			3
6								9
5			9			2		7
				2		3		
		3			6	4		
					9		2	8

1					3			8
2		7		5				
	5				7		4	
	8				5	3		
		6				2		
		5	1				7	
	3		4				2	
				8		9		6
5			7					1

				7	1		3	
2						5	1	
6		1	3					
	8		7					9
3				9				7
7					3		8	
					5	7		8
	4	6						1
	7		4	2				

			9			5		4
4				7		1	8	6
					4			
		2				6	4	
	1						3	
	4	8			1			
			3					
8	6	4		9				5
7		9			8			

	3	9			7		1	
				2				6
					6	4		
		7	3			1	6	
8								4
	2	5			1	8		
		6	5					
9				1				
	7		6			3	4	

			4	5	3			
		5				2		
	4			2			3	
7			6		9			2
3		9				8		1
6			5		1			7
	7			4			1	
		3				5		
			7	9	6			

7		5		2			1	
	2	6						3
					5	9		
	5		3					7
			2	9	8			
1					6		9	
		4	9					
5						1	7	
	6			1		8		9

				6		8		
8			7			2	1	
7			8	5				
	7	1						
6				7				1
						9	4	
				2	4			6
	4	9			5			2
		8		1				

9	8		2					5
		3	7					6
			8	3			9	
						4	2	7
		7		9		8		
8	3	4						
	5			7	3			
3					2	6		
4					6		5	1

			1	4	2	9		
							8	4
9	6						2	
		3			7		6	
		1		2		7		
	7		6			2		
	2						9	7
5	3							
		8	7	5	6			

		5	7				1	
9			8				7	
6					2		4	
		9		8	3			1
3				2				8
8			9	4		3		
	8		6					9
	6				8			4
	9				1	6		

					5	9		
		6			7		5	
	5		2	3		7		6
		3	9				2	5
		4				8		
5	6				2	1		
3		2		8	6		7	
	8		1			3		
		1	7					

			3	8		2	1	
	2				4			5
				2				9
2			4				8	
5		7				4		1
	8				1			6
7				3				
3			6				9	
	5	9		1	8			

		1	4		9		2	3
					1		9	7
6		9						
1			2		5		8	4
				4				
2	4		8		7			5
						5		8
8	1		3					
4	3		5		8	1		

		1	3		2			
				4		5	7	
9					8		3	
1			2			8		6
	7						9	
5		8			3			7
	9		6					8
	1	2		8				
			5		9	1		

7		8					9	
	2				1		7	5
5					6	8		
				7	8	6	1	
			4		3			
	7	2	6	1				
		1	5					4
9	3		8				5	
	5					9		2

8		3	7					
	6			3	5	7		
1			2			3	4	
3		5					8	
	9			6			3	
	4					5		2
	3	6			9			7
		2	3	7			6	
					4	2		3

	4			5				7
3					9	4		
		7			4		8	
				9		8	2	
7			5		8			4
	8	9		6				
	7		3			1		
		6	7					3
4				2			7	

8		4						3
		1	3	9				
2	3		5			1		
	5	2	4	3				
	1		9		5		3	
				7	2	5	1	
		6			3		9	5
				4	9	8		
1						3		6

2					4	5		3
				8	2			
		7				4		9
				7			3	5
	5		2		8		4	
7	1			3				
1		3				6		
			6	1				
6		4	5					7

			6		9		1	8
		7		1		2		9
	9		3				7	
4		5						6
	7						3	
9						1		7
	5				6		9	
6		9		2		7		
7	2		5		3			

	8	1				2		
6			9	2				
5					8	6		9
	7			8		3		
	4		2		9		7	
		9		7			5	
4		3	7					1
				9	1			4
		6				9	2	

	6	8	4					
3			7				2	
9		2		3				
1	8			5				
		5	8		9	7		
				4			1	5
				8		5		7
	9				4			6
					6	1	9	

	9				1			5
3		5						
	4		8		5	1		
		9		6		2		3
			4		9			
5		6		2		9		
		7	3		4		2	
						5		4
9			7				6	

		1	6	9		8		
	8		4					
7				8				4
3	4							
6		8				9		5
							8	2
5				2				8
					5		7	
		4		6	9	1		

	1	4		5	8			
8			4				7	
3			6					
	9	6	3					1
1								6
4					1	2	9	
					5			2
	2				3			9
			1	2		4	3	

	7				6			1
5		3		4				
	2				9	5		
						7		6
	6						9	
4		7						
		5	6				7	
				1		3		8
9			8				4	

			7					1
			1		4	6	3	
		9		3			5	
1	8						9	
	7		6			8		
	2						7	5
	6			5		4		
	5	1	4		6			
2					8			

	8				9			6
3	9			6				
				4	8	2		
			2			3		1
	3	2				9	8	
4		9			7			
		7	5	2				
				7			6	2
1			4				5	

			9	6	5		8	
							2	9
		1	4					
8		4		3				5
5			6		4			7
1				2		3		8
					3	8		
4	1							
	6		1	5	7			

2					1			3
	5					8	9	
		6	9				4	
		2		4				6
			2	3	8			
9				7		1		
	3				2	4		
	8	5					2	
1			8					5

		7			3			9
	1	8		9				
9	3		7			5		
		1	9		6			4
	4						5	
8			5		7	1		
		4			1		3	5
				5		9	1	
1			2			4		

6			3		5	2		
	9						3	
			9					7
3			6					9
		8				1		
2					8			6
5				6				
	3						2	
		6	1		2			8

	7			9	1			
1		4	8					
	8	3				6		
	1		4		3			9
8								6
3			1		9		2	
		8				7	6	
					5	8		4
			3	4			5	

						8	4	
	1	8	4					7
	6			8		1		5
	2				8			
		5		1		6		
			5				9	
9		2		3			5	
4					9	7	8	
	8	3						

7	2		3					1
9	5			1			2	
		3	5					
5		8			6			
	3			4			5	
			7			3		2
					2	4		
	1			6			3	5
4					3		1	6

				3			6	
		3		6	7			1
	6				1	2		
					3	7	9	
9	4						8	6
	8	7	6					
		9	1				2	
4			2	7		6		
	7			5				

		8			9	6		
			5	6			7	
7								2
	9		7					3
	4			3			9	
6					5		2	
3								7
	6			4	1			
		4	9			1		

4						6		
	6		8	2		9		
			3				8	4
	3	9	7					
	8			9			3	
					2	8	7	
8	2				6			
		1		8	5		9	
		4						8

	2					1		
7	5				3			
			4		8			3
		1			2	3	7	
				3				
	3	4	9			6		
8			2		9			
			8				1	5
		6					2	

		9		6		4		
	1			7	9			
7			1			2		6
		1			4		7	
4	9						8	5
	2		8			3		
9		4			6			1
			2	4			3	
		2		1		7		

4			5		3			
	1		7				4	
		8		4				
3	5				1			4
		4		2		6		
7			6				5	3
				8		2		
	6				7		3	
			9		2			6

6	4		7					
3		7			8			
	1			2	3			
4						1	5	
		5		7		9		
	8	9						6
			9	8			2	
			6			7		1
					2		3	5

3				7	5	9		
9	8		3			6		
	1		9					
		8			3			6
	7						4	
6			2			3		
					1		6	
		2			4		1	9
		1	5	9				4

3	7		6			4		
4		1	2					
	2	5	8					
		9		3				
2	5						8	9
				8		3		
					9	1	4	
					8	7		5
		4			1		9	2

				2			9	8
8	9		3			4		
		3			8			7
					7		3	5
		6				8		
9	8		1					
2			8			5		
		8			6		1	9
6	3			5				

		3	8			7		
				9		8		5
6							2	
8			6		9			
	4			3			1	
			1		5			3
	1							4
3		2		1				
		9			8	3		

8	2		6			9	3	
	3	5				4	7	
6	9			7				
		3				2		
				5			8	3
		1	5			8	7	
		9	3		8		1	4

	7		5	3				6
		2				9		
						8	1	
	3		9					4
4			2		7			8
1					4		9	
	6	4						
		5				4		
3				7	2		8	

8		2			7			5
		3	2		9			8
	1				8		3	
		4				3		1
2		6				5		
	7		8				5	
3			7		1	4		
5			6			1		3

2	4					6		
			1		9			8
			2	5				7
4			5			8	9	
		9				7		
	2	8			1			5
8				1	2			
3			7		6			
		4					7	2

					7	8	5	
		5		8	3			
1		6	5			9		
	5					6		1
	1						8	
6		9					2	
		3			2	5		8
			7	3		2		
	9	1	8					

3		9			5			
						8		
		5	1	7			3	
1	7		6					9
		3	2		9	6		
8					7		5	1
	1			6	2	7		
		4						
			5			4		6

	7		9					3
					5	8		6
5		2						1
			4	1	7		3	
				9				
	9		2	8	3			
6						2		8
1		4	7					
7					8		1	

3		1						
	4		6	8				
	8				1	9		7
			2		9			4
7								5
9			7		3			
8		7	4				1	
				7	2		5	
						2		8

					2	3	6	
					4		8	
	6	5				9		
1				9	7		2	
		3				6		
	2		3	4				7
		7				2	3	
	1		2					
	8	9	1					

			9					4
4		7			5		2	
		7				5	3	
8	3			9				
		5		6		4		
				8			6	2
	7	3			1			
	1		8			6		5
5					4			

5					9		4	
3	1	9						
		8						5
6	5			9			1	
		4	6		7	5		
	9			4			8	6
7						2		
						9	6	8
	6		5					1

6			4				1	
			5	9			6	
2		8				5		
3		6	8					
9		2		1		3		6
					3	9		5
		1				8		7
	7			8	1			
	6				7			9

			3	9	8			
3			2					
1	9						5	
5	1							3
		2		3		9		
9							8	6
	6						9	7
					7			8
			4	6	5			

4		3				5		
	2						7	1
				9	5		2	
	7	1	8	5				
			1		6			
				3	2	8	1	
	5		3	4				
2	3						5	
		7				6		9

1		6	7			8		
	3				1	6		5
	8							9
	7		4	6				
2								3
			3	7			4	
6							8	
3		1	8				9	
		9			5	3		7

8		9		5		4		
	5			3			8	
3		7			1			9
				4		1		
5	8		1		9		3	7
		3		7				
9			6			5		1
	1			9			2	
		5		1		9		4

	7	8						
				5	9			4
						5	3	1
4	9					2		
			3	1	6			
		6					7	5
9	2	4						
6			1	9				
						8	2	

		7		8	2			4
					3	6	2	
	3		6					
5				4			3	2
	4						1	
3	9			1				6
					1		6	
	7	8	2					
6			4	9		2		

	8		5			9		
	4							7
5			6	4		8		
	3				1	4		
9		4				7		3
		2	3				8	
		3		9	8			5
2							4	
		7			6		9	

	9		8					1
					4			3
3	8			7				
				3		7		5
		9				1		
2		7		4				
				6			1	2
4			9					
7					2		6	

					4	7	6	
7					2		5	
		2		7	6			
8	2	1						
		4		8		2		
						9	7	8
			6	9		5		
	4		5					3
	8	9	4					

	4	6	5					
				1		9	6	
	2						5	7
3		7	4					
5				7				2
					5	7		8
7	3						8	
	9	1		2				
					6	1	7	

9	3		6	1				
		8					6	3
7			3					
			5			3		1
8		4			7			
					1			7
4	5					9		
				8	2		3	5

		5				9	2	
3			2					1
					7			4
		3		9	1			
	4			2			9	
			3	5		6		
7			8					
4					3			6
	8	9				3		

3				5	8			
					4		2	3
5						4		
	8	5		9				
		1				8		
				3		7	5	
		6						2
4	2		9					
			1	7				4

		1		8	4		7	
	4		7					
	7							8
		8			2		1	9
			4		6			
9	2		8			6		
5							4	
					1		9	
	8		6	4		3		

				9		6	3	
	5		8		2			
	1		3			5		
7	3	8						
6								5
						7	1	3
		2			1		8	
			4		8		9	
	4	3		7				

		2		6	8			
3			5			1		
		1		2			6	4
7		4						1
				9				
6						2		3
4	5			3		8		
		3			6			7
			7	8		4		

	1	4						2
			2	6				9
					8		7	
		8		4		6		5
				2				
3		6		5		8		
	5		3					
2				1	5			
7						4	5	

			9	1		2	3	
	8		6					
		1		2		5		
5	6		1					4
				9				
3					6		7	5
		2		6		4		
					9		1	
	9	3		8	5			

	9	5	3				2	
2			8					
6						7	5	
				5		3		2
		3	1		9	8		
8		9		4				
	7	6						5
					6			4
	5				2	1	6	

4					8			7
		5			9		6	
7			2	6				
	4					3		
	9	7		1		2	5	
		6					9	
				3	5			2
	2		6			5		
6			4					8

	5		8					9
8				1		6		
		1			6		3	
	8	5					2	
			4		2			
	7					3	4	
	6		5			2		
		7		8				5
5					4		9	

9				8	1		6	
			3	7		1		
8						5		
2			1			7		
	6						8	
		3			2			9
		6						3
		7		9	3			
	1		7	5				6

						2		3
			7		5		6	
	7	3			8			5
	4							1
	5			7			9	
6							2	
9			1			6	5	
	3		9		6			
8		5						

				3		5		4
	4	9					2	
					5			8
9		2	5			1		
		7				3		
		6			1	8		9
2			7					
	9					2	8	
1		8		4				

			4		8	9		
7				9			3	
8			7					5
2		4						
		3		5		1		
						6		4
5					7			8
	3			1				2
		8	3		6			

	4	8				2		
5			7		6	1		
			3				6	
							2	9
			9	6	7			
1	9							
	1				5			
		5	6		3			7
		6				8	4	

			8					6
	5			9		2		8
		4			2		3	
	4					3	2	1
1	8	6					7	
	3		2			8		
6		8		5			9	
9					1			

3		9	2	5				
		5			1			
			8	9			7	2
2	6		9					
9		7				3		4
					7		2	9
4	3			1	8			
			5			2		
				7	2	1		8

					8	6		
		4				7		
	5				6			9
4	2					8		6
			8		5			
3		8					9	1
9			1				8	
		1				2		
		7	3					

		4		6		3		
	1							2
			1		2	6		
	6							8
	4			3			9	
5							1	
		3	6		7			
1							3	
		9		4		7		

		1	3	5				
	9					6	5	
	7	6						
		7	6					5
8	3						6	7
1					7	2		
						3	4	
	8	2					7	
				9	2	5		

9	7	2			5			
			3	4				7
	3				7	8		
1				6				
	8		9		2		7	
				5				2
		3	5				6	
8				2	9			
			8			5	4	9

		2			3		4	
1			7					
		4	9			7		
8				1			2	
4				5				8
	9			3				5
		1			4	9		
					6			3
	5		3			2		

	9		4					
							9	1
6		2			9			
8	5			9	6			
9	2			5			3	8
			7	8			4	9
			8			1		4
7	1							
					1		6	

			4				1	7
	7		3					
4		6			9			
		8			3	2		4
	5						3	
1		3	8			5		
			9			3		5
					7		4	
9	1				5			

			1			4	6	
	9			5			7	
4		8				9		
	5			4	3			
3								5
			6	2			4	
		2				1		7
	8			6			9	
	4	1			2			

2			1	5				
						3		6
			3				9	
9		7		1			8	
	1		9		5		2	
	5			7		9		4
	3				2			
4		5						
				8	3			9

	5	8			6	9		
1					3		2	
			2	9		6		
	8	5						
				4				
						7	8	
		1		2	9			
	6		3					2
		7	8			5	6	

			5				8	
	2	4			8			
		8		9	7			6
	1				5		3	
		7		2		5		
	9		1				2	
1			8	5		9		
			9			4	5	
	8				4			

7	6				2		4	
	4	1						
2			1	9				7
					3		2	
4	7						3	8
	2		7					
9				6	5			2
						3	7	
	1		2				6	5

9	7		6					
		5		4				7
			2			5	1	9
	4		1	3				
6			4		9			1
				6	2		8	
7	5	4			6			
2				9		7		
					4		2	6

	8	3			9		1	
		4	1				5	
7			4					8
	6	5	9					
		9				5		
					2	8	6	
3					5			7
	5				1	3		
	7		3			6	4	

			1			9	2	
	4	9	6					
3			8	2				5
5		4					9	
9				5				8
	3					5		1
8				1	7			9
					2	7	8	
	7	3			8			

	5	7	6					2
					7	6	9	
6				3			5	
		6			1		2	
1		2				7		5
	7		8			3		
	2			4				1
	6	1	7					
7					8	9	6	

		1					6	2
			7					1
		4	6	8		7		
4	8				6			
		9	4		7	6		
			8				2	9
		8		7	3	9		
3					4			
9	6					3		

6				7				3
			4		8	6		
	2	4				8		
9				3				
4			9		6			7
				4				5
		1				9	2	
		6	1		4			
3				6				4

7	8				3		5	
		5	9					6
				5		1	7	
					4			9
5	9						1	3
3			7					
	5	2		6				
4					9	6		
	7		3				8	1

9		7		3				
8						5	7	
					4			1
		3			2		5	
	5			6			1	
	9		7			6		
3			6					
	1	8						7
				1		2		5

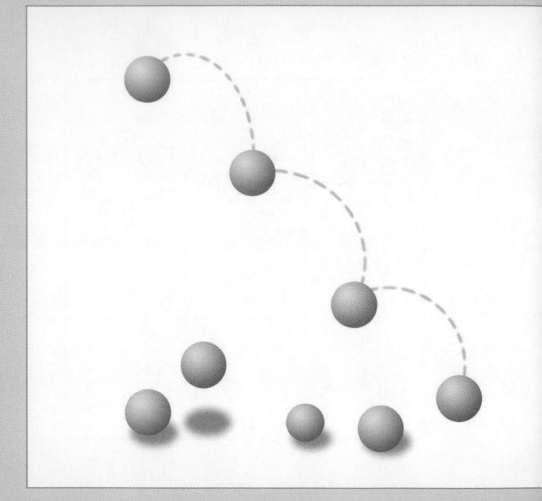

Kakuro

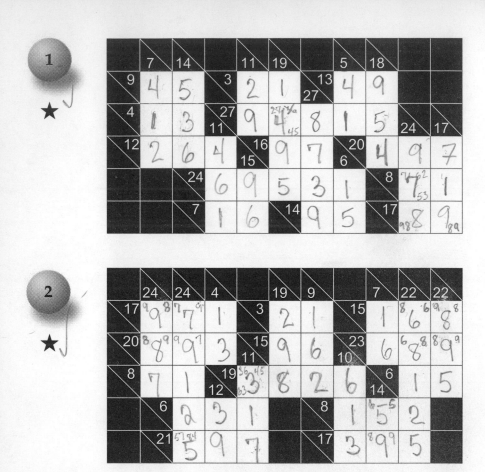

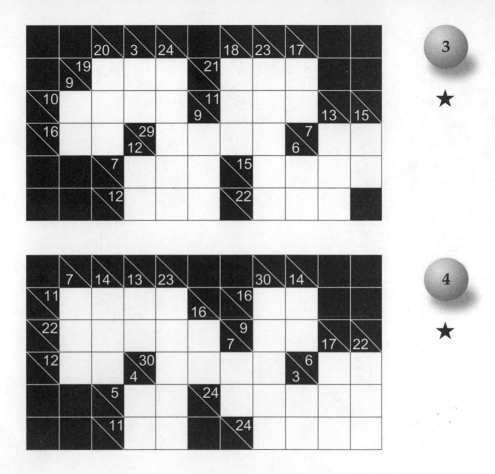

3 ★

4 ★

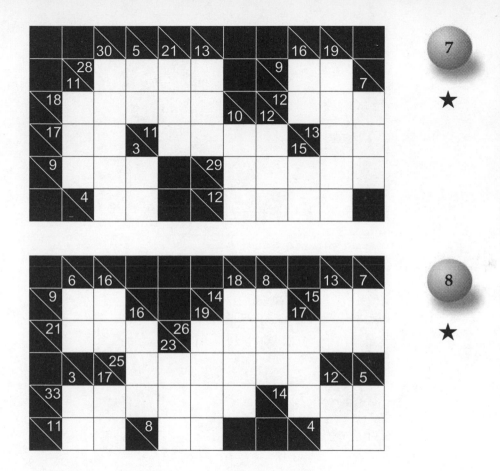

7

★

8

★

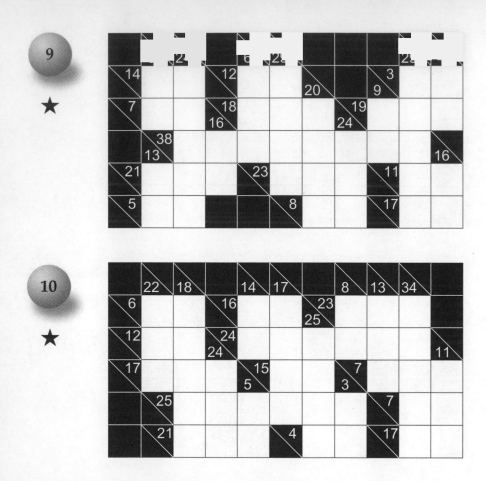

9 ★

10 ★

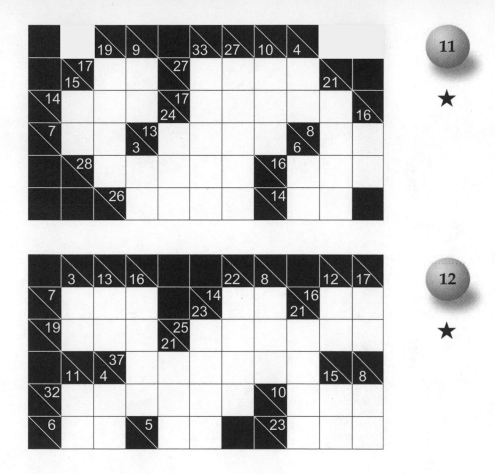

11 ★

12 ★

13

★

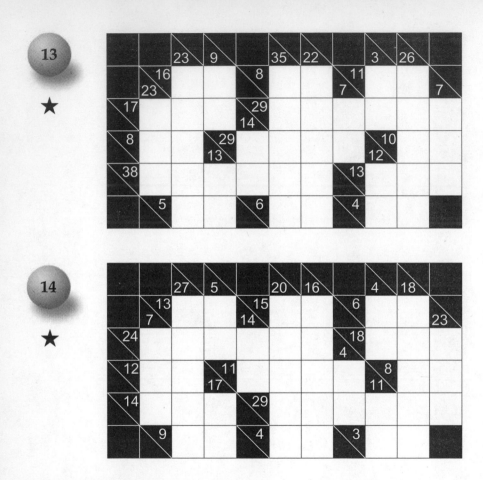

14

★

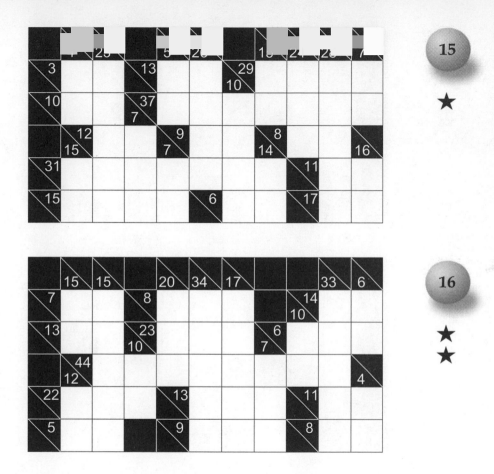

15 ★

16 ★★

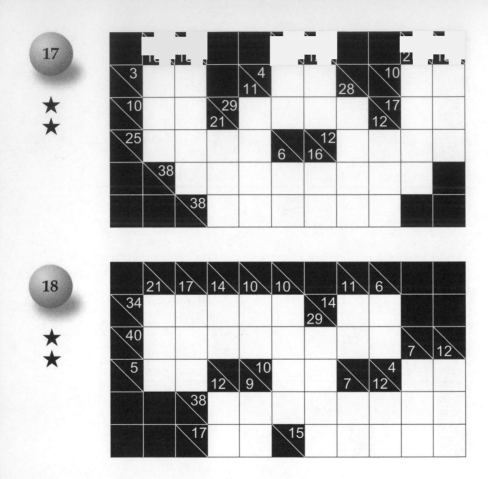

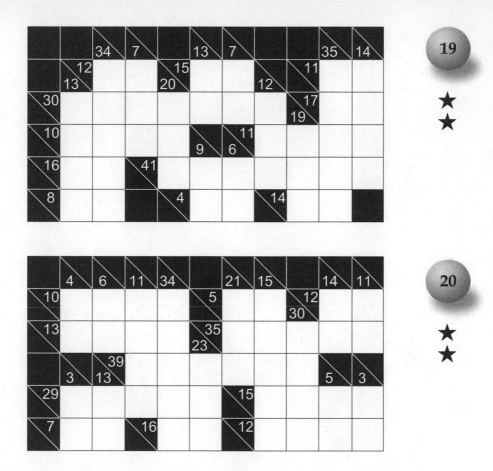

19 ★★

20 ★★

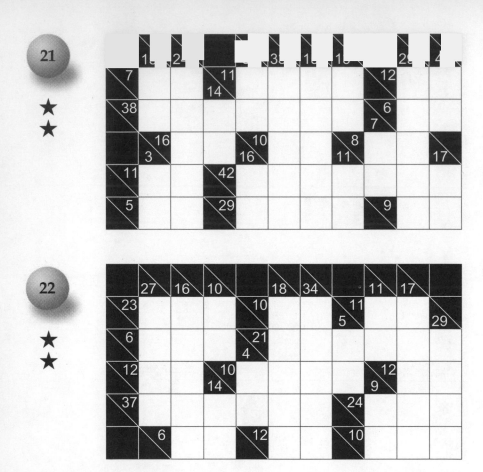

21 ★★

22 ★★

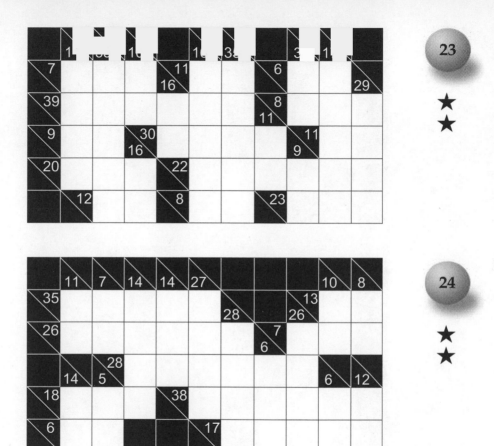

23

★
★

24

★
★

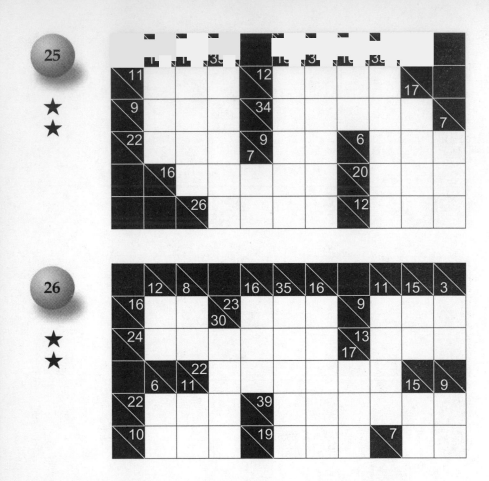

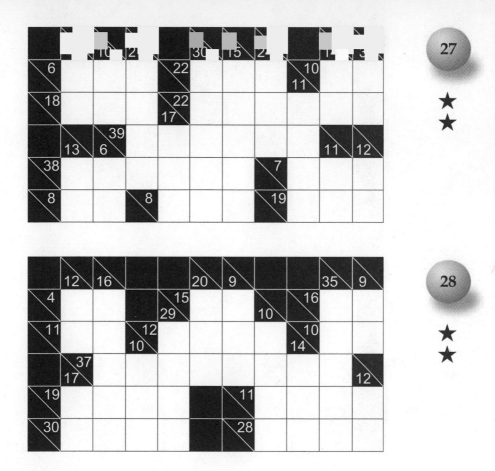

27

★
★

28

★
★

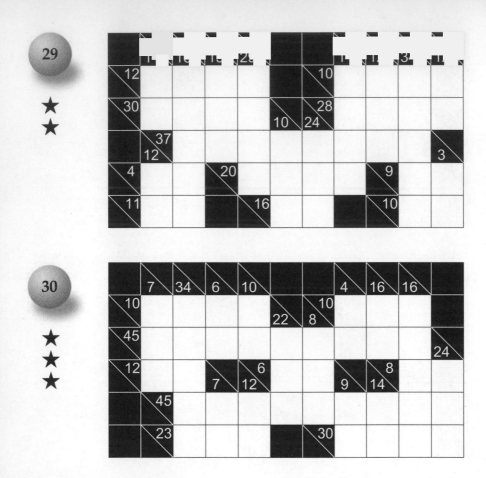

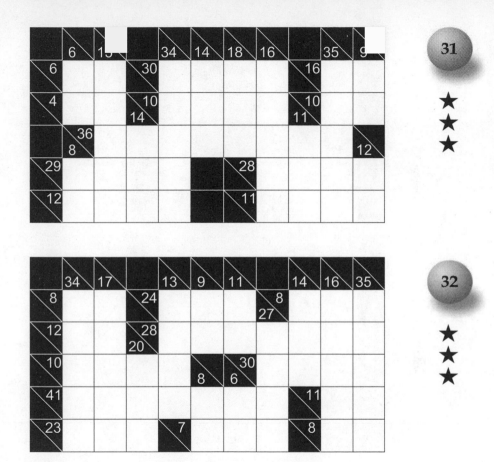

31

★
★
★

32

★
★
★

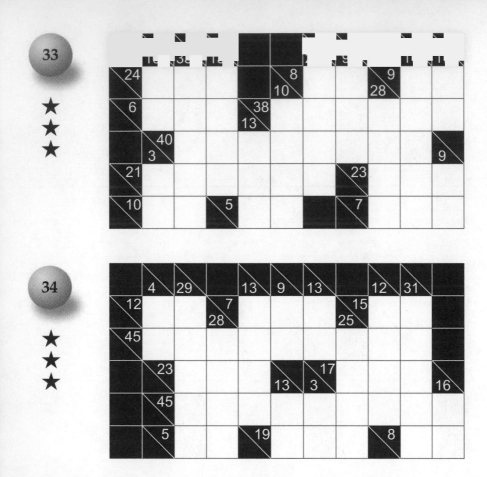

33

★
★★
★

34

★
★★
★

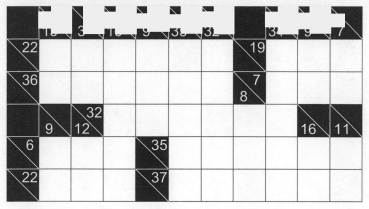

35

36

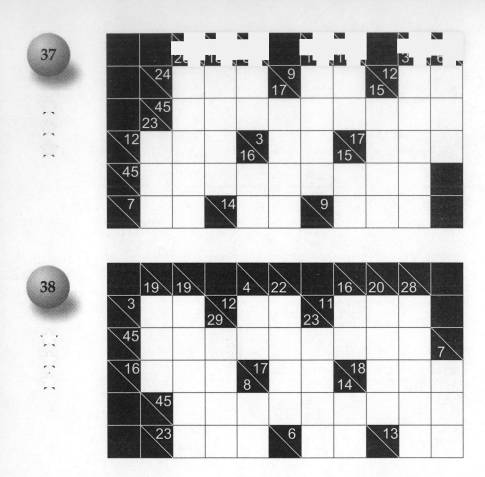

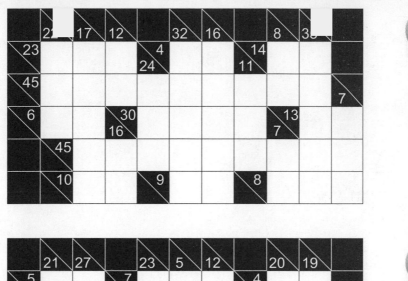

39

40

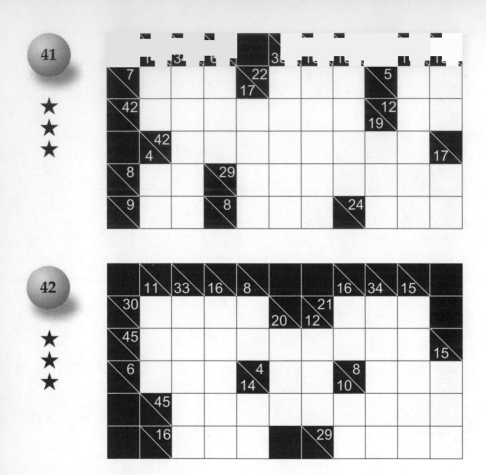

41

★
★
★

42

★
★
★

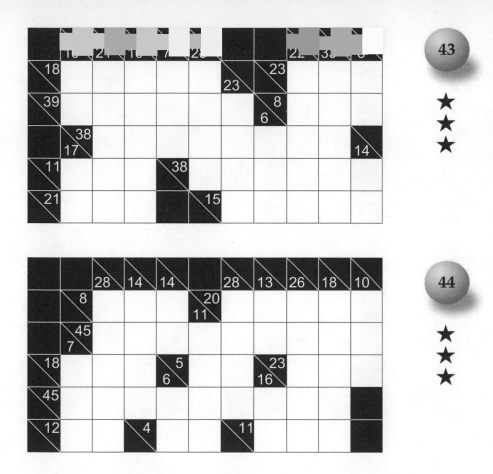

43

★
★
★

44

★
★
★

★
★★
★

★
★★
★

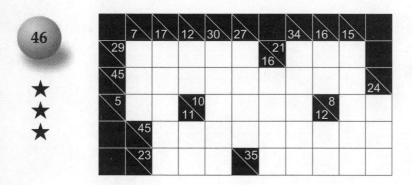

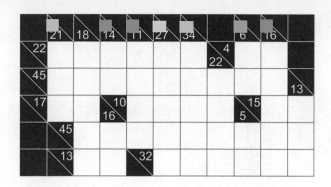

47

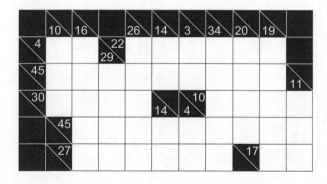

48

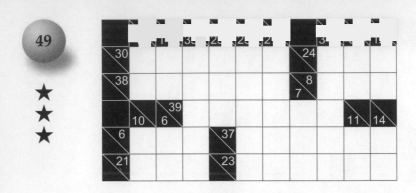

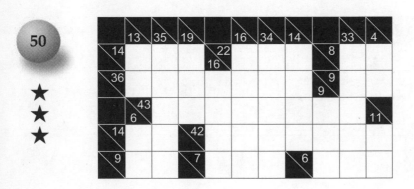

★

★

53

54

★

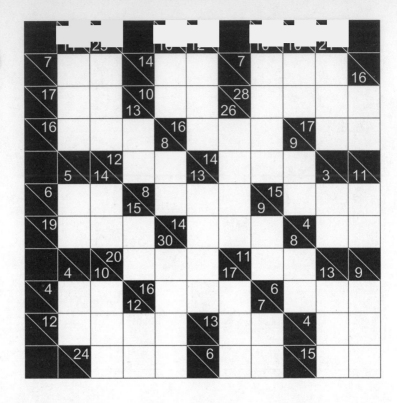

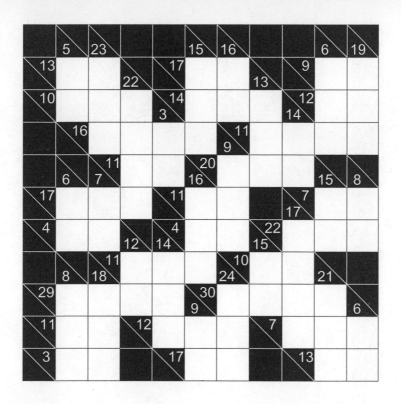

55

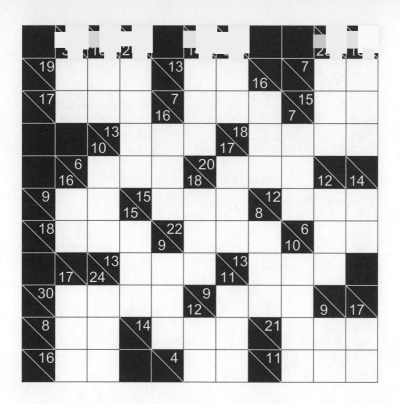

57

★

★

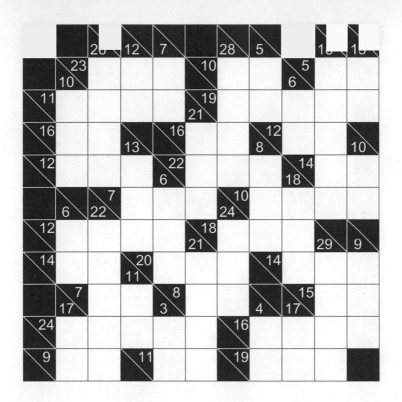

59 ★

★

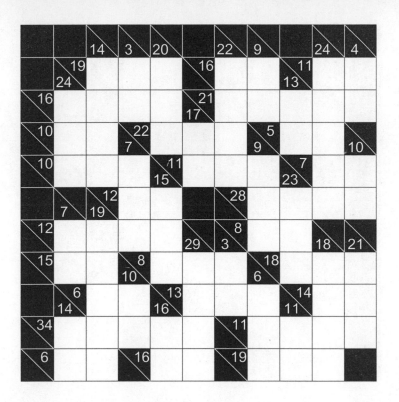

★

★

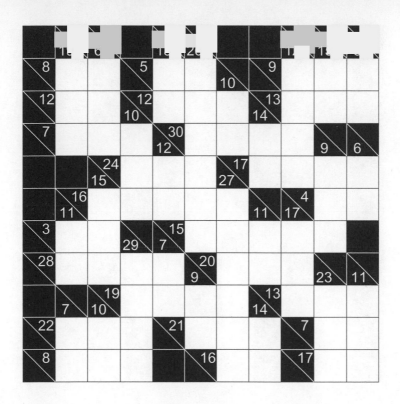

★

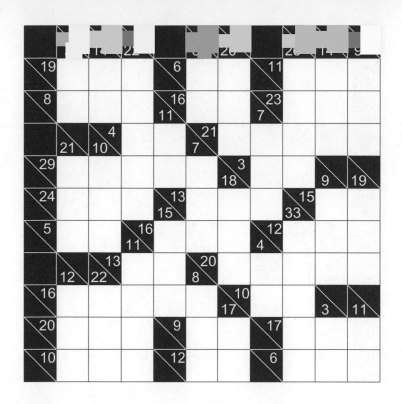

★

★

★

★

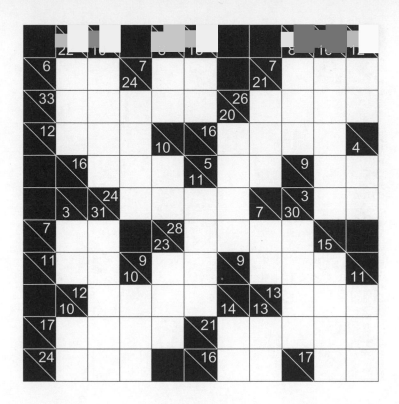

★

70

★

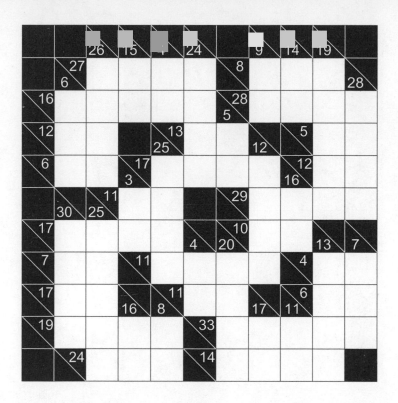

★

★

★

75

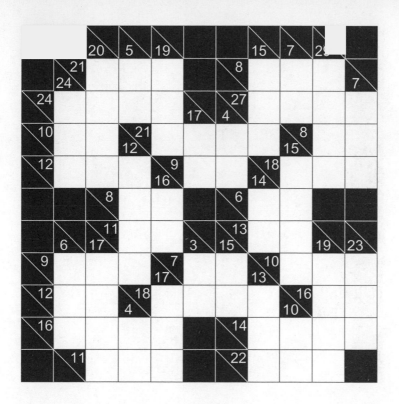

★

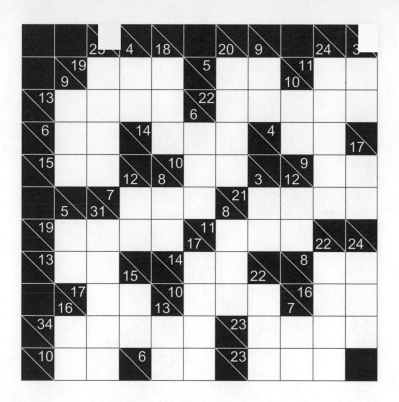

★

★

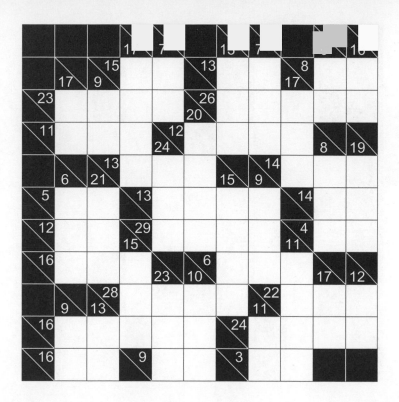

★

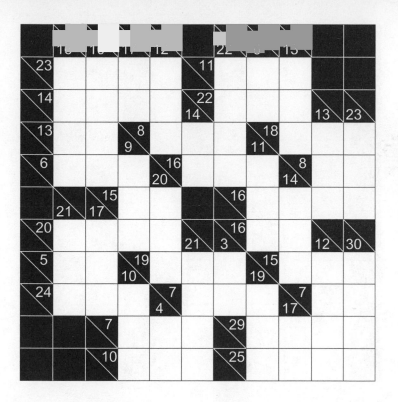

★

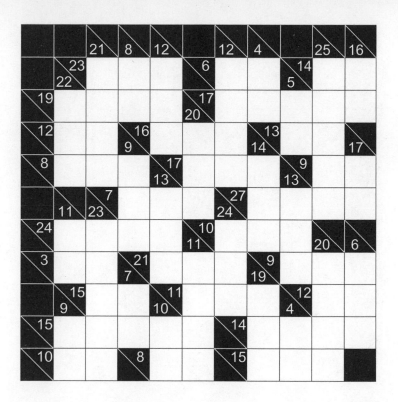

84 ★

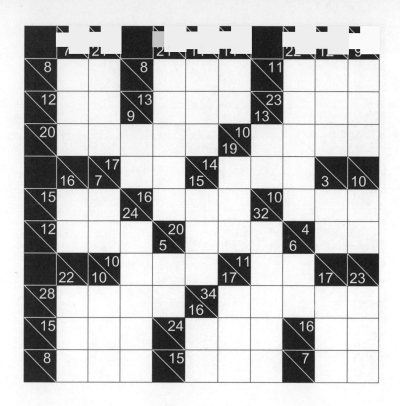

★

★

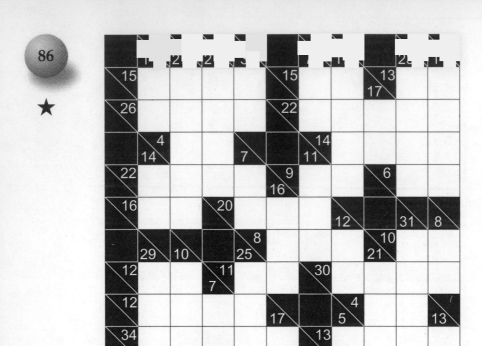

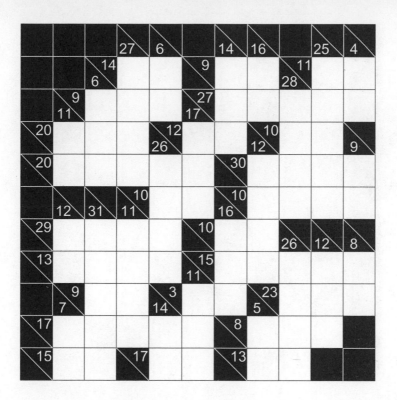

★
★

89

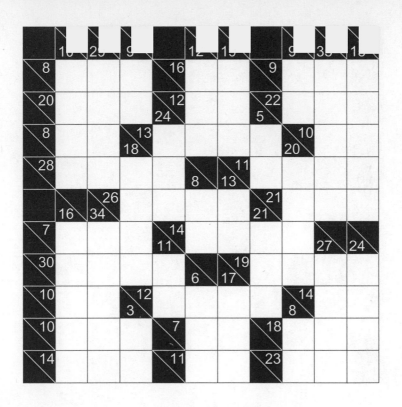

★
★

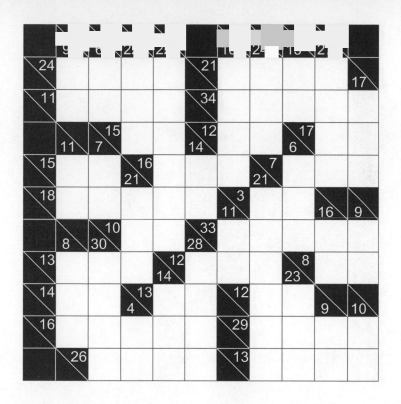

93

★
★

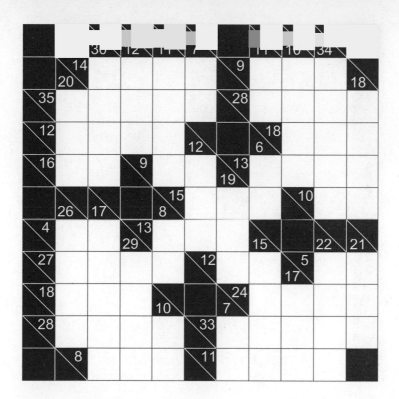

★
★

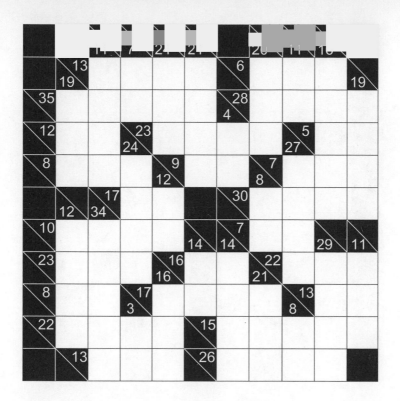

★★

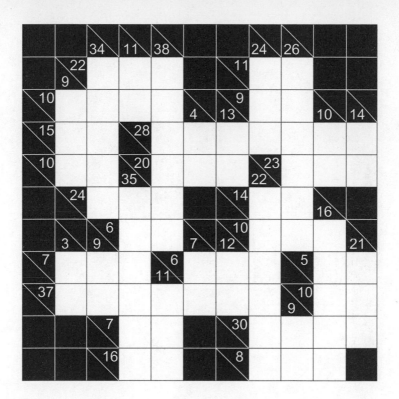

★
★

★
★

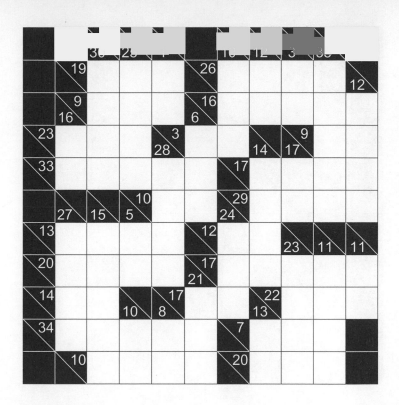

★
★

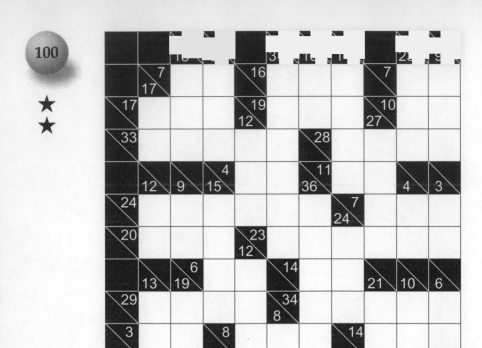

★
★

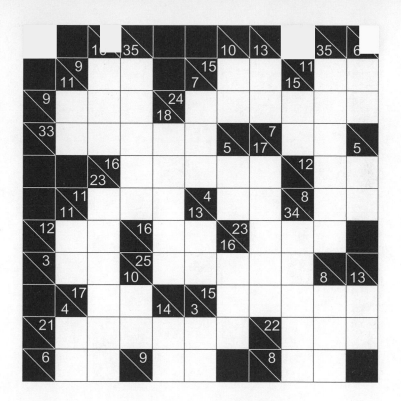

★
★

★
★

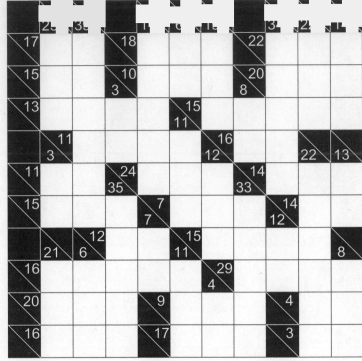

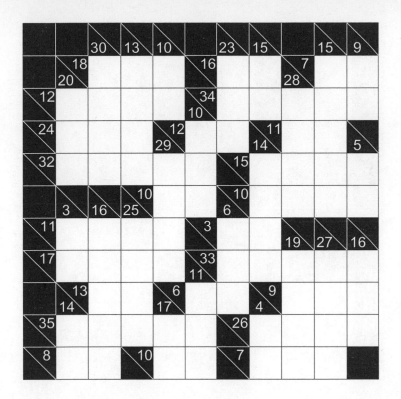

★
★

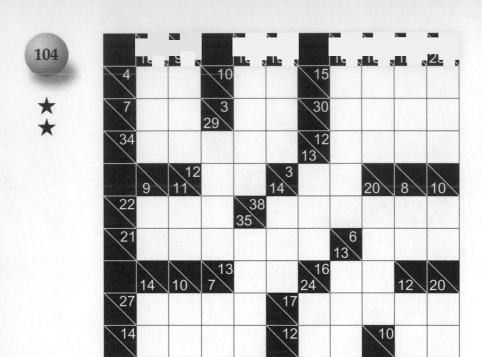

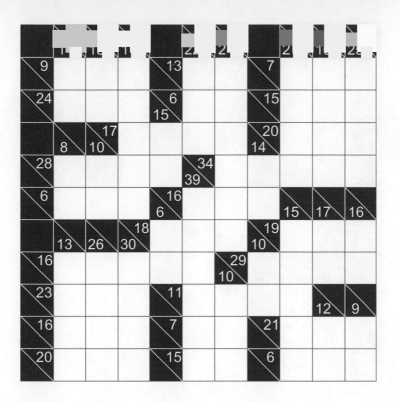

★
★

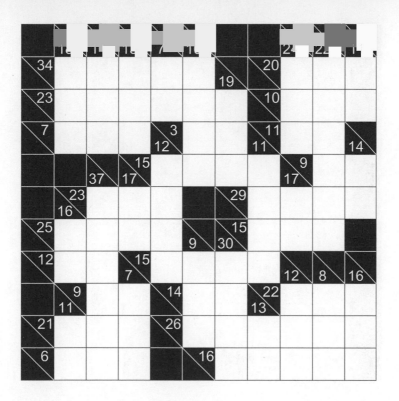

★
★

★
★

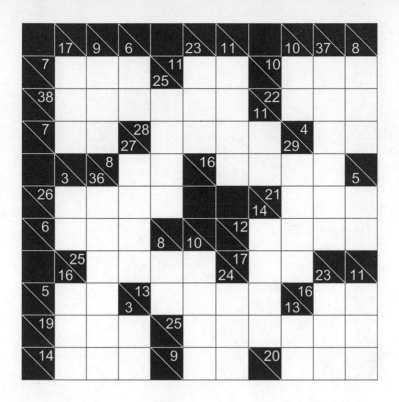

★
★

★
★

★
★

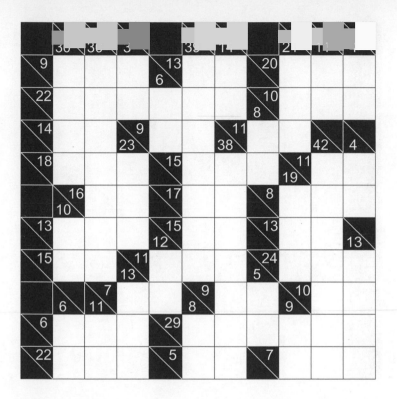

★
★

★
★

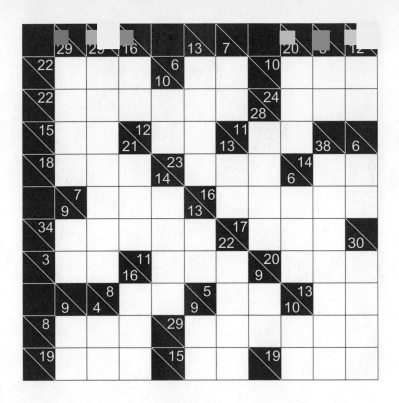

★
★

★
★

★
★

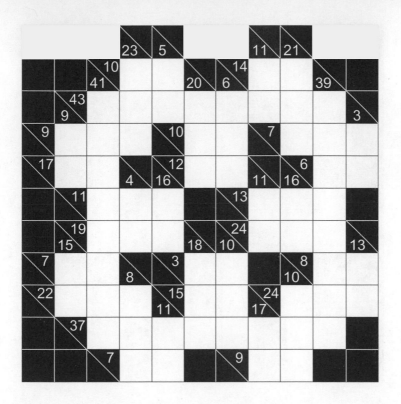

118

★
★

★
★

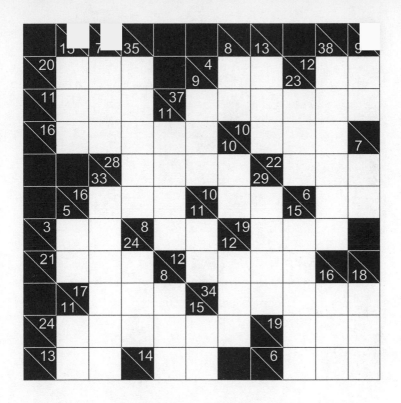

★
★

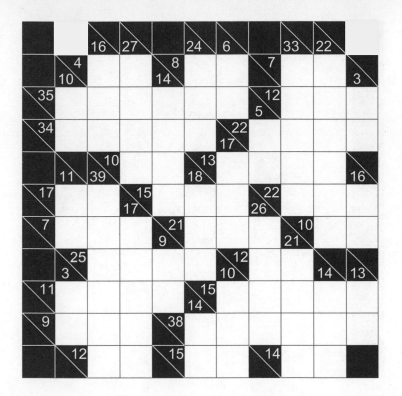

★
★

★
★

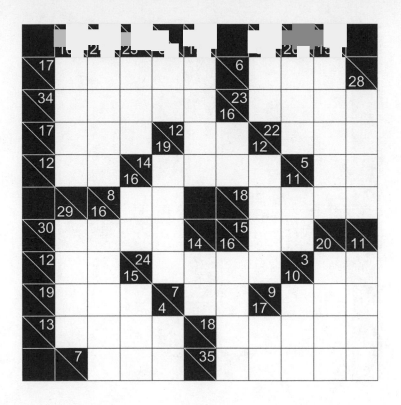

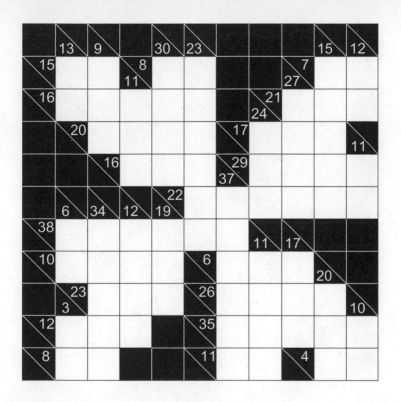

★
★

★
★
★

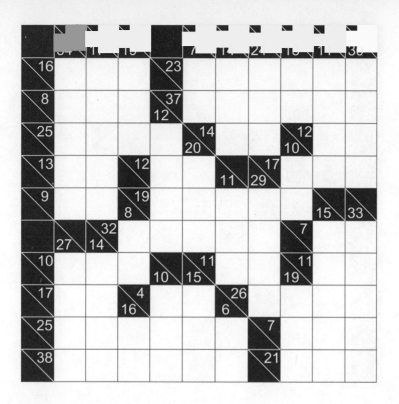

★
★
★

★
★
★

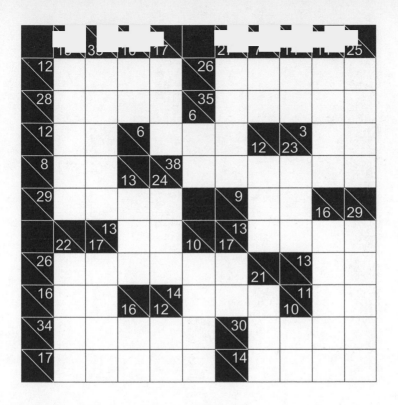

★
★
★

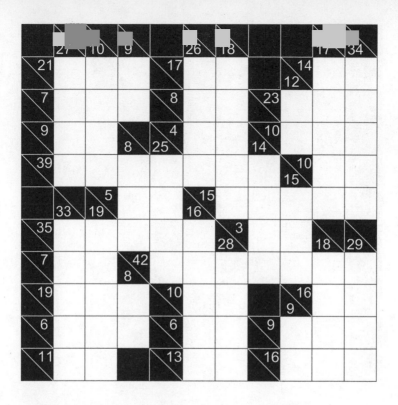

★
★
★

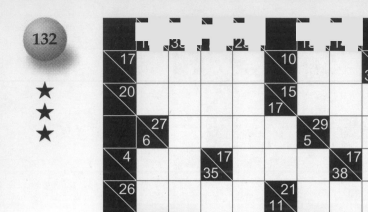

★
★
★

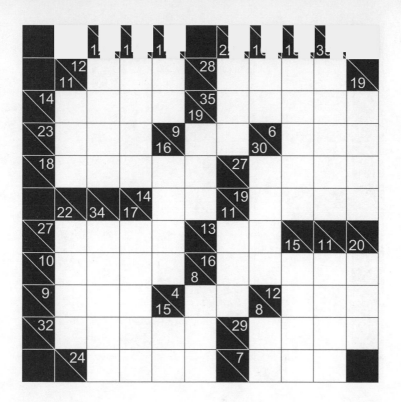

★
★
★

134

★
★★
★

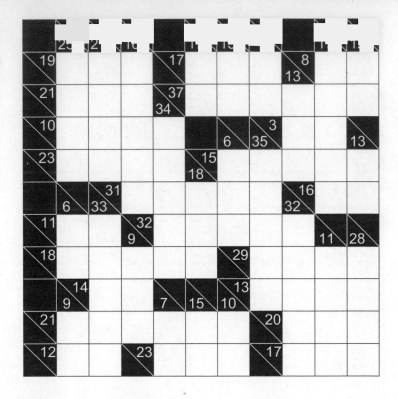

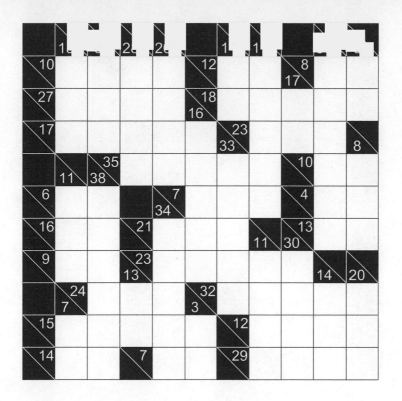

★
★
★

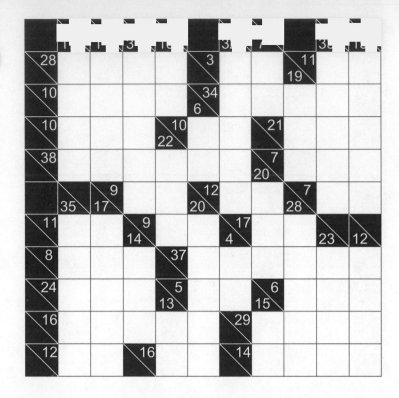

★
★
★

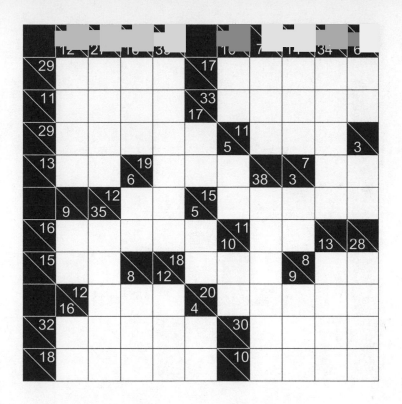

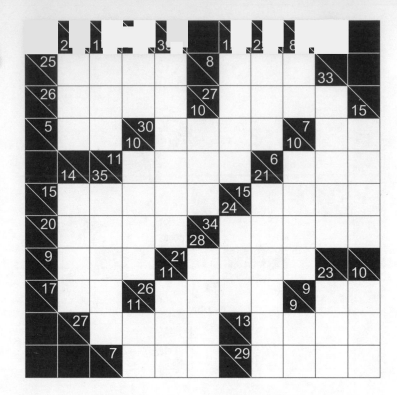

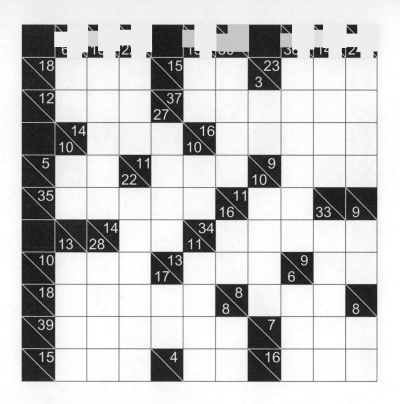

139

★
★
★

★
★
★

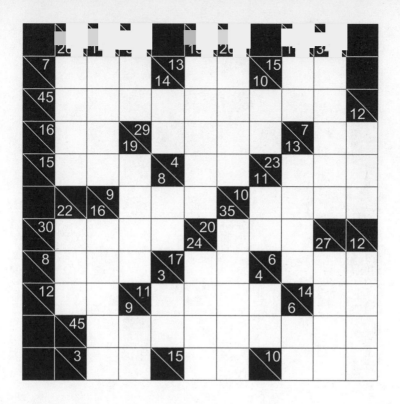

★
★
★

★
★
★

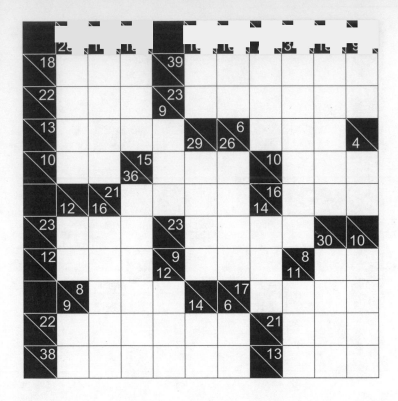

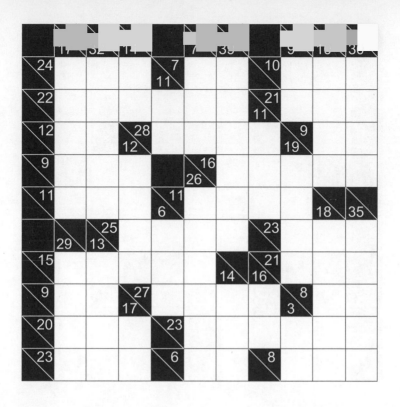

★
★
★

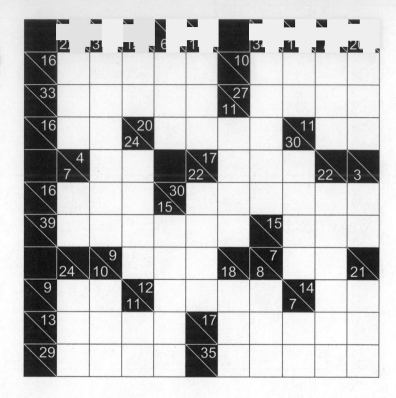

★
★
★

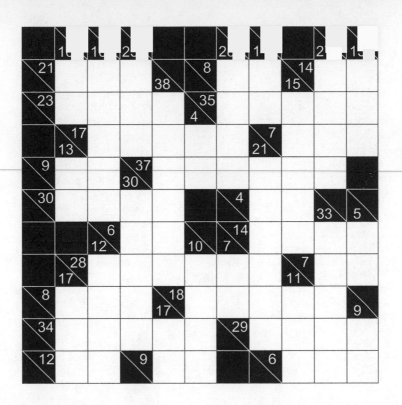

★
★★
★

RÉPONSES

1. Peter a gagné encore une fois. Peter est le coureur le plus rapide et il peut courir les 5 mètres supplémentaires plus vite que Bill.

2. Danny a vendu la carte deux fois, pour 10 $ et 8 $. Il l'avait payée 15 $. Il a donc fait un profit de 3 $.

3. 25 sucettes coûtent 25 ¢ chacune. 6,25 $ correspond à 625 ¢ et 625 divisé par 25 égal 25.

4. 12 mois. Lorsqu'une personne est l'hôtesse, 3 autres peuvent apporter la collation. Chaque personne a donc l'occasion d'être hôtesse pendant 3 mois, chaque mois avec une responsable de la collation différente. Au total, il y a 12 combinaisons hôtesse/responsable de la collation possibles.

5. Il serait plus avantageux de faire traiter les roues à l'antirouille. Sans le traitement, le coût annuel d'une roue est de 17,50 $. Avec le traitement, le coût annuel descend à 16,66 $ par roue.

6. Adam est arrivé le premier à vélo.

7. Ils gagnent tous les deux le même salaire. Admettons que leur salaire de la première année était de 10 000 $. La deuxième année, Alison a une augmentation et gagne 11 000 $ et Éric une réduction à 9 000 $. La troisième année, le salaire d'Alison a chuté de 10 % à 9 900 $, tandis que celui d'Éric a grimpé de 10 % de 9 000 $ à 9 900 $. Ils gagnent donc tous les deux le même salaire.

8. Le premier tireur a deux chances sur trois d'atteindre l'autre en premier.

9. Beth.

10. En la jetant dans le canot. Puisque la bille est plus dense que l'eau, la jeter dans le bateau ferait monter le niveau de l'eau. Essayez de remplacer la bille par un ballon bien gonflé. Si vous réussissez à l'enfoncer dans l'eau, le niveau de l'eau sera considérablement plus élevé que si vous mettiez le ballon dans le canot.

11. 1,19 $ Trois pièces de 25 ¢, quatre pièces de 10 ¢ et quatre sous noirs.

12. Ils ont joué onze parties. John a perdu trois parties. Il a dû en gagner trois de plus pour reprendre son argent. Puis, il a dû en gagner cinq de plus pour gagner 50 $. Donc, 3 + 3 + 5 = 11.

13. Neuf fois. 1 h 23, 2 h 34, 3 h 45, 4 h 56, 9 h 10, 10 h 11, 11 h 12, 12 h 13 et 12 h 34.

14. Aucune. 4 + 8 + 12 + 16 + 20 = 60. Puisqu'il s'agit du nombre exact de tartes vendues, il n'y a pas eu de vente le premier jour.

15. 40.

16. Un lingot pèse 5 kg. En retirant un lingot de chaque côté de la balance, deux lingots pèsent un total de 10 kg.

17. Steve doit donner cinq billes à Lisa. Il aurait donc ainsi cinq billes de moins et elle cinq billes de plus, pour une différence de dix billes.

18. 6.

19. La seule couleur assortie disponible pour le cadeau de Louisa est le rouge (un papier rouge et une boucle rouge). La seule couleur contrastante restant pour le cadeau de Samantha est l'argent. Le cadeau de Maria sera donc emballé de papier vert et sa boucle sera dorée.

20. Coupez quatre des pommes en trois morceaux chacune, puis coupez les trois pommes restantes en quatre morceaux chacune.

21. 29 jours. Le dédoublement se produit tout de même chaque jour, il n'y a qu'à éliminer le premier jour de dédoublement.

22. Trois fils et quatre filles.

23. Une heure et cinq minutes.

24. Sept. Jess n'en avait pas et Caroline en avait six.

25. Elle avait 100 $ en poche.

26. Une. Prenons le premier pot. De toutes les permutations possibles (N = 9 !), il y a une chance sur neuf que ce pot reçoive la bonne étiquette. Même chose pour chacun des huit autres pots. Au total, il y a 9 x N/9 = N pots correctement étiquetés, ce qui signifie (N-pots correctement étiquetés/N-configurations possibles) = 1 pot qui est, en moyenne, correctement étiqueté.

27. 99. Avec un seul gagnant, il faut 99 perdants, donc 99 parties perdues.

28. 20 ¢.

29. Le poids lèvera.

30. 7. Pour une moyenne de deux heures par jour pendant six jours, Jimmy doit s'exercer 2 x 6 ou 12 heures. Du lundi au vendredi, il s'exerce cinq heures — une heure par jour. Pour un total de douze heures, il doit s'exercer 12 – 5, ou 7 heures, le samedi.

31. 160 $. La façon la plus simple d'obtenir cette somme est de diviser 320 par deux, puisque la moitié du 79 % qui donne 2 $ est la même chose que les 17 % qui donnent 1$.

32. Nancy a trois sacs à main : un doré, un brun et un blanc.

33. 12 bonbons à la gelée. Si Alice a mangé la moitié des bonbons restants plus 3, il devait en rester 6. Tommy a mangé la moitié des bonbons pour en laisser 6, ce qui signifie qu'il y en avait 12 à l'origine.

34. 5 voitures. 1 500 $ x 5 = 7 500 $ en profit.

35. 10 parties. Craig a gagné les trois premières et Dan a dû gagner les sept suivantes afin de remporter 4 $.

36. John est le plus grand, puis Bill, et enfin Mick.

37. Kelly a 8 ans de plus que Danielle.

38. Elle a perdu 100 $.

39. Enriqué a fait la sieste entre Ricardo et Juan.

40. 116 $.

41. Toby a fait courir chaque personne sur le cheval d'un autre. Cela a fait en sorte que tout le monde voulait arriver le premier pour éviter de perdre.

42. 10 fois.

43. Oui. Elle a sept filles.

44. Stéphane a commencé avec 62 $.

45. 11. Les trains passent toutes les demi-heures pour un total de 9, plus les 2 qui arrivent en gare.

46. 31 coureurs en tout. Puisque la piste est un circuit fermé, il faut simplement additionner $1/5 + 5/6 = 31/30$. Trente coureurs plus Joseph.

47. 10 enfants.

48. La France.

49. 11 pneus en tout. 4 000 kilomètres x 4 pneus = 16 000 kilomètres en tout. 1 500 x 11 = 16 500 kilomètres en tout.

50. 6 paires. Cinq paires ne lui garantiraient que cinquante kilomètres et les marathons comptent un total de cinquante-deux kilomètres.

51. Le prix total du repas est de 60 $. 3 convives x 20 $ = 60 $. Huit plats ont été dégustés, donc chaque plat coûtait 7,50 $. Bruno a apporté 5 plats x 7,50 $ = 37,50 $ moins sa part de 20 $, il obtient donc 17,50 $. Brian a apporté 3 plats x 7,50 $ moins sa part de 20 $, il reçoit donc 2,50 $.

52. 8 poules et 14 chèvres.

53. 27 échelons.

54. Elle devrait accepter la première offre. En deux ans, son salaire serait de 56 000 $, tandis qu'il ne serait que de 55 000 $ avec la deuxième offre.

55. Pour faire 100 % de profit, ils doivent demander un prix de 4 $ par portion.

56. Éric peut arriver au sommet à l'aide de seulement deux sherpas. Ils quittent tous les trois le camp de base avec quatre jours de nourriture. À la fin du premier jour, il leur reste chacun 3 jours de nourriture. Le premier sherpa laisse à Éric et à l'autre sherpa deux jours de nourriture et retourne au camp avec un jour de nourriture. Le deuxième jour, le dernier sherpa redescend après avoir laissé à Éric un jour de nourriture. Éric a maintenant quatre jours de nourriture et quatre jours pour atteindre le sommet. Cependant, il mourra de faim en redescendant.

57. 59 ¢. Dix pièces de 7 ¢ moins la pièce de 11 ¢.

58. 10 billets de 1 $, 100 billets de 5 $, neuf billets de 10 $ et 18 billets de 50 $.

59. Caroline a six pièces de 1 ¢, six pièces de 5 ¢, six pièces de 10 ¢ et 6 pièces de 25 ¢.

60. 6,7 kilomètres à l'heure. Il a fallu à Elena deux heures pour courir les premiers dix kilomètres et une heure pour courir les derniers dix kilomètres, ce qui signifie qu'il lui a fallu trois heures pour courir les vingt kilomètres.

61. Étiquetez les sacs de 1 à 5. Prenez une pièce du premier sac et étiquetez-la 1. Prenez deux pièces du deuxième sac et étiquetez-les 2. Prenez trois pièces du troisième sac et étiquetez-les 3, et ainsi de suite. Mettez ces quinze pièces sur le plateau de la balance. Si les quinze pesaient une livre, la balance indiquerait quinze livres. Puisque au moins une pièce ne pèse que neuf dixième d'une livre, la balance indiquera moins de quinze. Soustrayez le chiffre indiqué par la balance de quinze. Le nombre obtenu vous indiquera quel sac contient les pièces les plus légères. (Si la balance indique 14,8 livres, il s'agit du sac 2, si elle indique 14,5, il s'agit du sac 5.)

62. Bernard a la meilleure moyenne. Derek avait une moyenne de 73,3 % et Bernard de 75 %.

63. 10 blocs.

64. Ils ont tous deux bu la même quantité de caféine.

65. Alison a un chat et un poisson rouge.

66. Il est 8 h 30.

67. Il ne faut encore que 17 boulangers.

68. Il y a quatre possibilités : une cuillère et une fourchette ; deux cuillères ; une fourchette et une cuillère; et deux fourchettes. Dans trois des quatre possibilités, vous aurez au moins une cuillère. Ainsi, la chance de tirer au moins une cuillère est de trois sur quatre ou, autrement dit, les chances sont de trois contre une.

69. Si vous additionnez toutes les pertes, vous constaterez que 100 élèves ont perdu un total de 310 articles. Ce total signifie qu'au moins 100 élèves ont perdu 3 articles et que 10 (ce qui reste) ont dû perdre tous leurs articles.

70. Coco, Rocky, Winston, Fluffy et Lulu.

71. 10 biscuits.

72. Jackie avait 6 $ avant de trouver les 4 $.

73. Soit 40 pièces de 1 ¢, 80 pièces de 5 ¢ et 2 pièces de 10 ¢ ou 45 pièces de 1 ¢, 2 pièces de 5 ¢, 2 pièces de 10 ¢ et 1 pièce de 25 ¢.

74. 8 jours. L'escargot avance d'un pied par 24 heures. Ainsi, après sept jours, il aura gravi sept pieds. Alors, le huitième jour il gravira les trois pieds restants pour sortir du puits.

75. 420 élèves. Voilà le seul chiffre en bas de 500 qui peut être divisé par 3, 4, 5 et 7.

76. Beth a 22 ans.

77. Quatre mouches (24 pattes) et trois araignées (24 pattes). Aucune autre combinaison ne fonctionnera.

78. Andy passe huit fois, Bill quatre fois, Chris onze fois, David six fois et Éric trois fois.

79. Du plus jeune au plus âgé, les six frères ont 10, 14, 18, 22, 26 et 30 ans.

80. Si vous désirez 1 $ en 28 pièces de monnaie, je devrai vous donner 3 pièces de 25 ¢, et 25 pièces de 1 ¢.

81. Quatre personnes peuvent fabriquer douze chapeaux en six heures.

82. Cinq bonbons à 10 ¢, un bonbon à 3 ¢, quatre-vingt-quatorze bonbons à 2 pour 1 ¢.

83. Bill a suivi 11 cours.

84. 6 chaussures. Si elle prend cinq chaussures, elle pourrait en avoir une de chaque couleur, sans paire de la même couleur.

85. John a dépensé 2 500 $ et 4 500 $ pour un total de 7 000 $. John a vendu le tableau 3 500 $ et 5 500 $ pour un total de 9 000 $. Il a donc empoché 2 000 $.

86. 260 $. Sally gagne 280 $. Si le salaire de Jerry est de 50 $ supérieur, il gagne donc 280 $ + 50 $ ou 330 $. Dan gagne 70 $ de moins, donc 260 $.

87. Juanita a réussi 18 casse-tête pour marquer 36 points. Elle a échoué à compléter 12 casse-tête, perdant ainsi 36 points.

88. L'indicateur de pluie était à moitié rempli samedi. Il a doublé le dimanche pour être complètement rempli.

89. 33,3 %. Si la voiture coûtait à l'origine 30 000 $, avec un rabais de 25 %, elle coûterait 22 500 $. Pour ramener le prix à 30 000 $, il faudrait ajouter 7 500 $, soit un tiers de 22 500 $, ou 33,3 %.

90. 3 pièces de 25 ¢, 2 pièces de 10 ¢ et 1 pièce de 5 ¢.

91. Il devrait acheter la bague à la première bijouterie. Hypothétiquement, si Brian demande la main d'Andrea deux fois, cette dernière devrait répondre une fois oui et une fois non. Ce qui signifie que s'il achetait la bague du premier bijoutier deux fois, il aurait dépensé 6600 $ et s'il avait acheté la bague du second bijoutier, il aurait dépensé 7 000 $. En moyenne, la bague lui coûterait 3 300 $ à la première bijouterie et 3 500 $ à la seconde.

92. Le diplomate britannique serait assassiné 5 fois (50 % x 10) et le diplomate français 1,5 fois (25 % x 6). Par conséquent, le diplomate britannique court le plus de risques.

93. Sept rangées. Huit oranges dans la rangée du bas, deux dans celle au sommet.

94. 60 pieds.

95. Il y a quatre joueurs par équipe.

96. 4 heures.

97. Les cinq joueurs de football l'emporteront. S'il n'y avait que quatre joueurs de football d'un côté et deux joueurs de soccer de l'autre, la partie serait nulle.

98. 128 kilomètres.

99. Ralph. Tommy vend les chaussures 63,75 $ et Ralph les vend 63 $.

100. Carlos en a pris 15.

101. Le contenant E contient le jus de pomme. Le deuxième client peut acheter deux fois plus que le premier si le premier achète les contenants A et C (pour un total de 66 litres) et le second les contenants B, D et F (pour un total de 132 litres). Le contenant restant doit contenir le jus de pomme.

102. 99 secondes. Chaque coupe, y compris la 99ᵉ, donne deux longueurs de fil.

103. Beth mesure 5,4 pieds et Bill 6 pieds.

104. Le salaire d'Alex est de 24 $, celui de Marie de 48 $ et celui de Pierre de 72 $.

105. 45 œufs.

106. Remplissez la cruche de 3 litres et versez-le dans celle de 5 litres. Remplissez la cruche de 3 litres de nouveau et ajoutez l'eau à la même cruche de 5 litres en la remplissant à ras bord. Il reste alors 1 litre dans la cruche de 3 litres.

107. 22 ans.

108. 36 $

109. Georges a dormi la moitié du trajet.

110. 200 kilomètres. Si n = nombre de kilomètres parcourus en 1 jour, alors chaque jour supplémentaire est n + 20 (l'augmentation quotidienne en kilomètres). Ainsi, vous trouverez qu'elle aurait parcouru 40 kilomètres le premier jour, 60 le

deuxième, 100 le quatrième et 200 le neuvième et dernier jour. C'est la seule façon d'obtenir 1080 kilomètres.

111. Ils jouent ensemble depuis 720 semaines, c'est-à-dire 13,8 ans. Le nombre de combinaisons possibles est de 6 x 5 x 4 x 3 x 2, ce qui correspond à 720.

112. 1 000 divisé par 175 $ est 5,7. Ils ont donc passé 6 jours sur le toit.

113. 24 bagues en or de plus.

114. 27 boules de gomme.

115. Le mérou pèse 102 livres. Le poids du flétan est indirectement donné en disant que deux flétans pèsent la même chose qu'un espadon. Un mérou et deux flétans correspondent au poids d'un esturgeon et d'un flétan. Un flétan et un mérou doivent donc avoir le même poids qu'un esturgeon. Donc, le mérou pèse 120 livres moins 18 livres, ou 102 livres.

116. Charlie devra attendre une heure et cinq minutes.

117. Elle devra faire deux coupes pour marquer le gâteau d'un X et ainsi obtenir quatre parts, puis faire une coupe *horizontale* pour obtenir huit parts de gâteau.

118. Oui.
XXO
XOX
OXX

119. 25 vaches brouteraient toute l'herbe en 5 jours.

120. Une grosse agrafeuse, 29 agrafeuses standard et 70 agrafeuses miniatures.

121. 1 75 $

122. 43 clous.

123. Deux tiers.

124. Retournez les deux sabliers. Lorsque celui de 4 minutes sera terminé, retournez-le immédiatement. Lorsque celui de 7 minutes aura terminé, retournez-le immédiatement également. Une minute plus tard, celui de 4 minutes aura terminé de nouveau. À ce moment, retournez celui de 7 minutes qui n'aura été utilisé qu'une seule minute. Lorsqu'il

sera terminé, exactement 9 minutes se seront écoulées.

125. Une pièce de 50 ¢, une pièce de 25 ¢ et quatre pièces de 10 ¢.

126. Bill a 49 carabines et Mick en a 35.

127. 62,5 arachides.

128. Tac-o-tac a gagné la course, Arlequin est arrivé deuxième et Rocko est arrivé troisième.

129. Deux demi-barils sont versés dans un baril vide. Deux autres demi-barils sont versés dans un autre baril vide. Ce qui donne neuf barils pleins, trois demi-barils et neuf barils vides. Chaque fils reçoit trois barils pleins, un demi-baril et trois barils vides.

130. Prenez un fruit dans la boîte identifiée « cerises et fraises ». Si le fruit choisi est une cerise, alors il s'agit sans doute de la boîte ne contenant que des cerises. Alors, la boîte identifiée « fraises » ne peut contenir que des cerises, pas plus qu'elle ne peut être la boîte ne contenant que des fraises, ce doit donc être celle qui contient des fraises et des cerises. La boîte restante est donc celle qui contient les fraises. Vous pouvez résoudre le casse-tête par le même raisonnement si le fruit tiré est une fraise plutôt qu'une cerise.

131. Demandez à l'un des hommes ce que l'autre répondrait à la question « La porte de gauche est-elle la bonne porte? » Puis, présumez que la réponse est fausse et agissez en conséquence. Si l'homme est le menteur, il vous donnera une réponse erronée pour l'homme qui dit la vérité. Si cet homme est celui qui dit la vérité, il vous donnera la bonne réponse du menteur.

132. Lilouchka est arrivé premier. Cœur de Lion et Sir Oscar sont arrivés à égalité en deuxième position. Dynamite est arrivé quatrième et Topaze est arrivé cinquième.

133. 5 oiseaux jaunes ont été observés.

134. Dominic avait son propre manteau, le chapeau de Tom, les gants de Rob et la canne de Matt. Tom avait son propre manteau, le chapeau de Matt, les gants de Dominic et la canne de Rob. Rob avait le manteau de Matt, son propre chapeau, les gants de Tom et la canne de Dominic. Matt avait le manteau de Rob, le chapeau de Dominic, ses propres gants et la canne de Tom.

135. Il doit allumer une mèche par ses deux extrémités en même temps ; il allume la seconde par une extrémité. Lorsque la première est entièrement brûlée, il s'est écoulé une demi-heure et il reste une demi-heure. Alors, il allume l'autre extrémité de cette seconde mèche. Ce qui fera en sorte qu'elle finira de brûler en quinze minutes. À ce moment, exactement quarante-cinq minutes se seront écoulées.

136. Trois quarts ou 75 %.

137. 17. Vous n'avez qu'à trouver deux chiffres, distanciés par sept, qui donnent ensemble une somme de 27. Par un processus d'essai et d'erreur, vous devriez trouver ces chiffres (dix et dix-sept) rapidement.

138. Jerry a dépensé 22 $. Les haut-parleurs ont coûté 14 $, le clavier 5 $ et la souris 3 $.

139. 20 $.

140. L'appareil photo coûtait 52,25 $; la règle 50 ¢ et la crème glacée 25 ¢.

141. 16. Trouvez le nombre total de boules de gomme dans le sac, puis divisez-le par le nouveau nombre d'enfants qui les partageront.

142. 18 stations. Le métro passera $^{60}/_{10}$ ou six fois le nombre de stations en 1 heure qu'il en passera en 10 minutes. En 10 minutes, il passe 3 stations ; en 60 minutes, il en passera 6 x 3, soit 18 stations.

143. Vous pouvez découvrir le contenu des trois boîtes en ne tirant qu'une seule bille. La clé de la solution est de savoir que toutes les boîtes sont mal étiquetées. Vous devez tirer une bille de la boîte identifiée NB. Admettons que la bille

est noire. Vous savez donc que les autres billes de la boîte doivent aussi être noires, autrement, l'étiquette serait correcte. Puisque vous avez maintenant identifié la boîte conte-nant deux billes noires, vous pouvez du coup identifier le contenu de la boîte étiquetée BB, puisque vous savez qu'elle ne peut pas contenir deux billes blanches, autrement l'étiquette serait correcte. Elle ne peut non plus contenir deux billes noires, puisque nous avons déjà identifié cette boîte. Il s'agit donc de la boîte conte-nant une bille noire et une bille blanche. La troisième boîte, évidem-ment, doit donc contenir une bille blanche et une bille noire. Vous pouvez résoudre le casse-tête par le même raisonnement si la bille tirée de la boîte NB est blanche au lieu de noire.

144. Une vache, neuf cochons et quatre-vingt-dix poules.

145. IBM est à 70 et Microsoft à 105 ⅜.

146. 50 %.

147. 27 $.

148. Le parapluie pèse 12 onces, le livre 4 onces et le chapeau 16 onces.

149. Au cours de ses cinq tours, il a empoché 8, 14, 20, 26 et 32 boules.

150. Il y avait 26 hommes et 20 femmes, ou 46 en tout à la boîte de nuit.

151. 25 lancers. 24 lancers de retrait et un lancer qui a donné lieu à un coup de circuit qui a mis fin à la partie. Le lanceur était de l'équipe visiteuse.

152. Il faut neuf pièces. Quatre pièces de 1 ¢, une pièce de 5 ¢, deux pièces de 10 ¢, une pièce de 25 ¢ et une pièce de 50 ¢.

153. Le ballon est à 200 mètres au-dessus de la surface du lac.

154. Il faudra au train 18 minutes. La tête du train doit faire 10 kilomètres pour sortir du tunnel, et puis un dernier demi-kilomètre jusqu'à ce que le wagon de queue quitte le tunnel, pour un total de 10,5 kilomètres. 60 x (10,5/35) = 18 minutes.

155. Sept membres et sept comités.

156. Le prix des téléviseurs est moindre qu'avant l'augmentation de 25 %, puis de la réduction de 25 %. Si le téléviseur coûtait 1 000 $, vous savez que 25 % de 1 000 est 250. Ainsi, après l'augmentation de 25 %, le téléviseur coûte 1 250 $. Maintenant, il faut trouver 25 % de 1 250 $, soustraire ce montant (312,50 $) de 1 250 $ pour obtenir le prix réduit, qui est de 937,50 $. Ceci correspond à 62,50 $ de moins que le prix d'origine de 1 000 $.

157. FedEx devrait demander un prix de 4 000 $ pour un chargement de son grand camion. Puisque toutes les dimensions du grand camion (hauteur, largeur et longueur) sont le double de celles du petit, le volume du grand camion est huit fois plus grand que celui du petit. Donc, pour le chargement d'un grand camion, FedEx devrait demander huit fois le prix du chargement d'un petit camion. C'est-à-dire 8 x 500 $ ou 4 000 $.

158. Paul a ⁸/₃₅ et Bill ⁶/₃₅.

159. 21 %.
64 + 22 – 7 = 79.
100 – 79 = 21.

160. Aucun.

161. Il ne peut y avoir qu'une seule brunette, les autres 99 ont les cheveux blonds.

162. Il pèse une demi-livre. ¹/₅ x ⁵/₂ = ⁵/₁₀ ou une demi-livre.

163. Une heure et sept huitièmes.

164. 45.

165. 195.

166. 325 $ par livraison.

167. Une minute. Souvenez-vous que le volume double chaque minute, donc lorsque la boîte est à moitié pleine, il ne reste qu'une minute avant qu'elle soit complètement pleine.

168. 24.

169. 50.

170. 8 lancers.

171. 6. Danny pouvait fabriquer cinq cigarettes avec les 25 mégots, les fumer, puis faire une dernière cigarette avec ces cinq mégots.

172. 17 %. Divisez le nombre d'étudiants de

troisième année (1 903) par le nombre total d'étudiants (11 276).

173. 28. Albert effectue douze visites, Bob cinq et Carl onze.

1

3	6	8	9	2	7	5	4	1
9	4	1	5	6	3	8	7	2
2	5	7	8	4	1	3	6	9
6	7	3	4	1	5	9	2	8
8	9	4	2	3	6	7	1	5
5	1	2	7	9	8	4	3	6
1	3	9	6	8	4	2	5	7
7	2	6	3	5	9	1	8	4
4	8	5	1	7	2	6	9	3

2

6	8	7	9	4	2	1	5	3
4	2	3	1	7	5	9	6	8
1	9	5	3	6	8	7	4	2
3	5	4	6	2	1	8	9	7
2	1	8	7	5	9	4	3	6
9	7	6	4	8	3	5	2	1
5	4	2	8	3	7	6	1	9
8	3	9	5	1	6	2	7	4
7	6	1	2	9	4	3	8	5

3

8	4	9	7	1	3	5	6	2
1	5	3	6	2	9	8	4	7
6	7	2	4	8	5	1	9	3
2	3	8	9	5	7	4	1	6
4	1	5	3	6	8	7	2	9
9	6	7	1	4	2	3	5	8
7	2	4	8	9	1	6	3	5
5	8	1	2	3	6	9	7	4
3	9	6	5	7	4	2	8	1

4

8	6	5	2	3	4	7	1	9
7	3	1	8	5	9	2	4	6
9	4	2	7	1	6	5	8	3
6	5	7	9	4	1	8	3	2
4	8	3	6	7	2	9	5	1
2	1	9	5	8	3	6	7	4
3	7	6	4	2	8	1	9	5
1	2	8	3	9	5	4	6	7
5	9	4	1	6	7	3	2	8

5	7	3	8	1	9	4	6	2
4	2	8	7	5	6	9	1	3
6	9	1	4	2	3	5	7	8
8	5	2	6	9	1	3	4	7
3	4	9	2	7	8	6	5	1
1	6	7	3	4	5	8	2	9
7	8	5	1	3	4	2	9	6
2	3	4	9	6	7	1	8	5
9	1	6	5	8	2	7	3	4

9	3	6	2	5	1	4	7	8
4	1	2	7	6	8	3	9	5
7	5	8	4	9	3	6	1	2
3	8	5	6	7	9	2	4	1
6	9	4	1	3	2	8	5	7
1	2	7	8	4	5	9	6	3
2	6	3	9	1	7	5	8	4
8	4	1	5	2	6	7	3	9
5	7	9	3	8	4	1	2	6

1	9	7	5	6	4	3	2	8
5	6	3	8	2	7	9	1	4
4	2	8	9	1	3	5	7	6
2	3	9	1	5	8	4	6	7
8	1	4	7	9	6	2	3	5
7	5	6	3	4	2	8	9	1
9	8	5	2	7	1	6	4	3
6	7	2	4	3	5	1	8	9
3	4	1	6	8	9	7	5	2

9	8	5	2	4	7	3	6	1
6	7	2	8	3	1	4	5	9
1	4	3	9	6	5	2	8	7
4	1	8	7	2	9	6	3	5
2	3	7	4	5	6	9	1	8
5	6	9	3	1	8	7	2	4
7	5	4	6	8	3	1	9	2
8	2	6	1	9	4	5	7	3
3	9	1	5	7	2	8	4	6

9

7	4	1	9	5	2	8	6	3
2	6	3	4	7	8	9	5	1
5	8	9	1	3	6	7	4	2
9	7	2	3	6	4	1	8	5
3	1	4	8	9	5	6	2	7
8	5	6	2	1	7	3	9	4
4	3	8	7	2	9	5	1	6
1	2	5	6	8	3	4	7	9
6	9	7	5	4	1	2	3	8

10

2	7	1	9	8	5	6	4	3
9	5	3	4	6	1	7	8	2
6	4	8	3	2	7	1	5	9
1	9	4	6	5	2	3	7	8
7	8	5	1	3	9	2	6	4
3	6	2	8	7	4	9	1	5
8	3	7	5	9	6	4	2	1
4	2	9	7	1	8	5	3	6
5	1	6	2	4	3	8	9	7

11

9	7	4	8	2	3	5	6	1
3	6	5	9	1	7	4	8	2
2	1	8	4	6	5	9	7	3
4	5	7	3	9	1	6	2	8
1	9	2	5	8	6	3	4	7
6	8	3	7	4	2	1	9	5
5	4	1	6	7	8	2	3	9
7	3	6	2	5	9	8	1	4
8	2	9	1	3	4	7	5	6

12

2	7	1	9	3	5	4	6	8
9	8	5	4	1	6	3	7	2
4	3	6	2	8	7	5	1	9
8	1	9	5	4	2	7	3	6
6	4	3	8	7	1	9	2	5
5	2	7	6	9	3	1	8	4
7	5	8	3	6	9	2	4	1
1	9	4	7	2	8	6	5	3
3	6	2	1	5	4	8	9	7

13

6	2	8	3	9	4	1	7	5
7	5	9	1	6	8	3	4	2
4	3	1	2	7	5	8	9	6
5	7	2	4	8	1	6	3	9
1	9	4	6	5	3	2	8	7
3	8	6	9	2	7	4	5	1
2	6	3	5	4	9	7	1	8
8	1	5	7	3	6	9	2	4
9	4	7	8	1	2	5	6	3

14

1	4	8	7	5	2	3	9	6
2	6	5	3	8	9	1	4	7
3	7	9	1	4	6	5	2	8
6	1	3	5	9	7	4	8	2
9	8	2	6	3	4	7	1	5
7	5	4	8	2	1	6	3	9
4	9	6	2	7	3	8	5	1
8	2	7	4	1	5	9	6	3
5	3	1	9	6	8	2	7	4

15

7	9	1	6	5	8	4	2	3
5	6	4	1	3	2	7	8	9
8	3	2	7	4	9	5	6	1
2	5	7	3	9	4	6	1	8
6	8	3	2	1	7	9	4	5
4	1	9	5	8	6	3	7	2
1	4	8	9	6	3	2	5	7
9	7	6	8	2	5	1	3	4
3	2	5	4	7	1	8	9	6

16

8	7	9	3	6	2	5	4	1
4	2	5	1	8	7	6	9	3
1	3	6	4	5	9	2	7	8
2	8	7	9	1	6	4	3	5
9	6	4	7	3	5	8	1	2
3	5	1	2	4	8	9	6	7
6	4	2	8	7	1	3	5	9
7	9	3	5	2	4	1	8	6
5	1	8	6	9	3	7	2	4

17

8	1	7	9	5	6	4	2	3
6	3	9	2	4	8	7	1	5
2	4	5	3	1	7	9	8	6
1	5	4	6	2	3	8	7	9
9	2	6	7	8	5	1	3	4
7	8	3	1	9	4	5	6	2
4	7	2	5	3	1	6	9	8
5	9	1	8	6	2	3	4	7
3	6	8	4	7	9	2	5	1

18

9	3	7	6	4	8	1	2	5
5	6	2	9	1	3	8	7	4
8	4	1	7	5	2	6	3	9
1	9	6	3	8	4	2	5	7
3	7	8	2	6	5	9	4	1
2	5	4	1	9	7	3	8	6
6	8	5	4	2	1	7	9	3
7	2	9	5	3	6	4	1	8
4	1	3	8	7	9	5	6	2

19

2	1	4	8	6	9	7	3	5
8	7	3	2	5	1	4	9	6
9	5	6	3	4	7	2	8	1
7	6	1	9	8	5	3	4	2
3	9	8	1	2	4	5	6	7
4	2	5	7	3	6	8	1	9
1	3	9	4	7	2	6	5	8
6	8	2	5	1	3	9	7	4
5	4	7	6	9	8	1	2	3

20

3	5	4	9	1	8	6	2	7
7	1	9	5	6	2	3	4	8
2	8	6	7	3	4	9	1	5
4	2	7	3	8	6	1	5	9
1	9	3	2	4	5	7	8	6
8	6	5	1	7	9	2	3	4
9	4	8	6	2	3	5	7	1
6	7	2	4	5	1	8	9	3
5	3	1	8	9	7	4	6	2

8	4	1	7	9	6	3	5	2
2	9	3	5	8	1	4	6	7
5	6	7	3	2	4	1	8	9
9	8	2	4	1	5	7	3	6
7	1	5	9	6	3	2	4	8
6	3	4	8	7	2	5	9	1
3	7	6	2	4	8	9	1	5
4	2	8	1	5	9	6	7	3
1	5	9	6	3	7	8	2	4

1	4	8	7	5	2	3	6	9
5	2	9	4	6	3	8	1	7
6	3	7	9	8	1	4	5	2
9	8	1	2	3	4	5	7	6
3	6	2	5	1	7	9	8	4
7	5	4	6	9	8	2	3	1
4	7	6	3	2	5	1	9	8
8	9	5	1	4	6	7	2	3
2	1	3	8	7	9	6	4	5

3	9	6	2	7	4	8	1	5
4	2	8	5	6	1	3	9	7
1	7	5	8	9	3	2	4	6
9	1	2	4	5	6	7	3	8
5	3	7	1	2	8	9	6	4
6	8	4	7	3	9	5	2	1
2	4	3	6	8	7	1	5	9
8	6	9	3	1	5	4	7	2
7	5	1	9	4	2	6	8	3

9	4	6	8	1	7	5	2	3
2	5	1	4	3	6	7	9	8
3	7	8	2	9	5	1	6	4
7	2	5	9	8	4	3	1	6
4	1	9	6	5	3	8	7	2
8	6	3	7	2	1	4	5	9
1	9	2	3	7	8	6	4	5
5	3	4	1	6	2	9	8	7
6	8	7	5	4	9	2	3	1

25

4	9	6	5	8	7	1	2	3
8	2	1	4	3	9	7	6	5
5	7	3	1	6	2	8	9	4
9	6	4	2	7	8	5	3	1
7	3	2	6	5	1	4	8	9
1	8	5	9	4	3	2	7	6
6	5	7	8	9	4	3	1	2
2	4	8	3	1	6	9	5	7
3	1	9	7	2	5	6	4	8

26

2	4	7	9	8	6	3	5	1
8	6	5	1	4	3	7	9	2
9	3	1	7	5	2	8	4	6
3	1	9	6	7	5	2	8	4
4	7	8	3	2	1	9	6	5
6	5	2	8	9	4	1	7	3
1	8	6	4	3	9	5	2	7
7	2	4	5	1	8	6	3	9
5	9	3	2	6	7	4	1	8

27

6	9	1	4	8	7	2	3	5
7	8	3	5	9	2	1	6	4
2	4	5	3	6	1	8	7	9
1	2	8	7	4	5	3	9	6
5	6	9	8	1	3	7	4	2
3	7	4	6	2	9	5	1	8
4	5	6	1	7	8	9	2	3
9	3	7	2	5	4	6	8	1
8	1	2	9	3	6	4	5	7

28

6	7	2	4	8	3	1	5	9
5	4	8	6	1	9	3	7	2
9	3	1	7	5	2	6	8	4
4	2	6	5	3	1	7	9	8
1	9	5	8	7	6	4	2	3
7	8	3	9	2	4	5	1	6
8	1	4	2	6	7	9	3	5
2	6	7	3	9	5	8	4	1
3	5	9	1	4	8	2	6	7

29

2	5	3	7	9	1	4	6	8
8	4	1	5	6	3	9	2	7
9	7	6	4	2	8	1	3	5
1	2	7	6	5	4	8	9	3
4	8	5	9	3	2	7	1	6
3	6	9	8	1	7	5	4	2
6	3	8	1	4	5	2	7	9
5	9	4	2	7	6	3	8	1
7	1	2	3	8	9	6	5	4

30

5	7	4	6	2	1	8	3	9
1	9	3	8	4	5	7	2	6
2	8	6	7	3	9	1	5	4
3	2	5	9	8	4	6	7	1
9	4	7	1	6	2	5	8	3
8	6	1	5	7	3	9	4	2
4	5	9	2	1	8	3	6	7
6	1	2	3	5	7	4	9	8
7	3	8	4	9	6	2	1	5

31

3	6	5	8	7	1	9	4	2
8	7	1	2	9	4	3	6	5
9	4	2	6	3	5	8	7	1
5	2	4	1	8	7	6	9	3
7	9	6	3	4	2	5	1	8
1	8	3	5	6	9	7	2	4
6	5	9	4	1	3	2	8	7
4	3	7	9	2	8	1	5	6
2	1	8	7	5	6	4	3	9

32

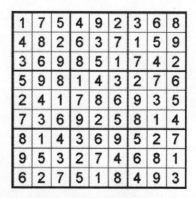

1	7	5	4	9	2	3	6	8
4	8	2	6	3	7	1	5	9
3	6	9	8	5	1	7	4	2
5	9	8	1	4	3	2	7	6
2	4	1	7	8	6	9	3	5
7	3	6	9	2	5	8	1	4
8	1	4	3	6	9	5	2	7
9	5	3	2	7	4	6	8	1
6	2	7	5	1	8	4	9	3

9	7	8	6	2	3	1	5	4
4	3	6	1	5	9	8	7	2
2	5	1	7	8	4	6	9	3
1	4	5	3	7	2	9	6	8
8	2	7	5	9	6	3	4	1
6	9	3	8	4	1	7	2	5
7	1	4	2	6	8	5	3	9
3	6	9	4	1	5	2	8	7
5	8	2	9	3	7	4	1	6

8	4	3	1	2	9	7	5	6
7	2	5	6	4	8	9	3	1
1	6	9	3	5	7	8	4	2
3	9	6	4	1	5	2	8	7
2	8	7	9	3	6	5	1	4
5	1	4	7	8	2	3	6	9
9	7	1	5	6	3	4	2	8
4	5	2	8	9	1	6	7	3
6	3	8	2	7	4	1	9	5

7	6	9	2	5	4	3	8	1
5	1	4	7	3	8	6	9	2
2	8	3	9	6	1	5	7	4
9	2	7	4	8	3	1	6	5
8	4	6	1	7	5	2	3	9
3	5	1	6	2	9	8	4	7
1	7	8	5	9	6	4	2	3
6	9	5	3	4	2	7	1	8
4	3	2	8	1	7	9	5	6

6	4	7	5	8	1	3	9	2
2	9	8	4	3	6	5	1	7
3	1	5	9	7	2	8	4	6
7	2	9	1	4	5	6	8	3
4	6	3	7	9	8	1	2	5
5	8	1	6	2	3	4	7	9
9	5	6	2	1	4	7	3	8
1	3	2	8	5	7	9	6	4
8	7	4	3	6	9	2	5	1

37

1	3	7	2	9	4	8	6	5
2	8	6	1	5	3	9	7	4
9	5	4	8	7	6	2	3	1
6	9	5	3	1	2	7	4	8
7	1	3	4	8	5	6	2	9
8	4	2	7	6	9	1	5	3
3	7	9	6	4	8	5	1	2
5	2	1	9	3	7	4	8	6
4	6	8	5	2	1	3	9	7

38

5	1	6	3	9	8	7	4	2
4	3	7	1	2	5	9	8	6
2	9	8	7	4	6	3	1	5
7	4	5	8	6	9	1	2	3
9	6	1	2	7	3	8	5	4
3	8	2	4	5	1	6	9	7
6	2	9	5	1	7	4	3	8
8	7	4	9	3	2	5	6	1
1	5	3	6	8	4	2	7	9

39

6	9	8	3	1	4	2	7	5
7	3	5	2	9	6	1	4	8
2	1	4	8	5	7	6	3	9
4	5	2	7	3	1	8	9	6
9	8	7	6	2	5	3	1	4
1	6	3	9	4	8	7	5	2
5	7	9	1	8	2	4	6	3
3	2	6	4	7	9	5	8	1
8	4	1	5	6	3	9	2	7

40

3	2	9	8	7	1	5	6	4
8	4	6	3	5	2	7	1	9
7	5	1	6	4	9	8	3	2
6	8	4	1	9	3	2	5	7
5	1	3	4	2	7	6	9	8
2	9	7	5	8	6	1	4	3
9	3	8	7	6	5	4	2	1
1	7	5	2	3	4	9	8	6
4	6	2	9	1	8	3	7	5

41

3	5	6	9	4	7	1	2	8
2	7	4	1	8	6	3	9	5
1	8	9	5	3	2	6	4	7
8	2	1	7	5	3	4	6	9
5	6	7	4	1	9	2	8	3
4	9	3	2	6	8	7	5	1
6	3	2	8	7	5	9	1	4
9	4	5	3	2	1	8	7	6
7	1	8	6	9	4	5	3	2

42

4	7	5	8	3	1	6	9	2
3	2	6	9	7	4	5	8	1
8	9	1	6	2	5	7	3	4
6	1	2	7	4	9	8	5	3
7	3	8	2	5	6	1	4	9
9	5	4	3	1	8	2	6	7
5	4	7	1	6	3	9	2	8
2	8	3	5	9	7	4	1	6
1	6	9	4	8	2	3	7	5

43

4	9	3	6	7	1	8	2	5
6	5	2	4	3	8	1	7	9
8	1	7	9	2	5	6	4	3
5	3	4	2	1	7	9	6	8
7	8	6	3	4	9	2	5	1
1	2	9	5	8	6	7	3	4
9	4	1	7	6	3	5	8	2
2	6	5	8	9	4	3	1	7
3	7	8	1	5	2	4	9	6

44

4	7	8	3	6	2	5	1	9
1	3	9	7	4	5	8	6	2
5	6	2	9	8	1	3	4	7
8	2	7	6	5	9	1	3	4
6	4	1	2	7	3	9	5	8
3	9	5	8	1	4	7	2	6
7	8	3	5	2	6	4	9	1
2	5	4	1	9	8	6	7	3
9	1	6	4	3	7	2	8	5

45

4	1	7	2	5	9	6	8	3
6	8	9	7	4	3	2	5	1
5	2	3	6	1	8	7	9	4
7	5	2	4	6	1	9	3	8
3	6	4	8	9	7	1	2	5
8	9	1	3	2	5	4	6	7
1	3	6	5	7	2	8	4	9
2	7	8	9	3	4	5	1	6
9	4	5	1	8	6	3	7	2

46

9	5	6	7	3	2	1	4	8
1	4	3	5	8	6	7	2	9
2	8	7	1	4	9	3	5	6
7	1	8	3	6	5	2	9	4
5	2	4	8	9	1	6	3	7
6	3	9	2	7	4	5	8	1
4	7	1	9	5	3	8	6	2
8	6	5	4	2	7	9	1	3
3	9	2	6	1	8	4	7	5

47

2	6	3	7	5	9	1	8	4
1	9	5	6	8	4	7	3	2
4	7	8	2	3	1	6	5	9
8	4	6	3	1	2	5	9	7
5	1	7	4	9	8	2	6	3
9	3	2	5	6	7	4	1	8
6	5	4	8	7	3	9	2	1
7	8	1	9	2	5	3	4	6
3	2	9	1	4	6	8	7	5

48

5	2	9	6	7	3	1	4	8
1	7	8	5	9	4	2	3	6
4	6	3	1	2	8	5	9	7
8	4	7	3	5	2	6	1	9
2	3	5	9	6	1	8	7	4
6	9	1	8	4	7	3	2	5
9	8	2	4	3	5	7	6	1
7	1	4	2	8	6	9	5	3
3	5	6	7	1	9	4	8	2

49

3	7	8	5	1	6	2	9	4
9	5	6	3	4	2	1	8	7
4	1	2	9	7	8	3	6	5
8	6	1	7	3	5	4	2	9
5	9	3	2	6	4	7	1	8
7	2	4	8	9	1	6	5	3
1	8	5	4	2	3	9	7	6
2	4	7	6	5	9	8	3	1
6	3	9	1	8	7	5	4	2

50

3	6	2	1	4	5	7	9	8
8	1	5	7	9	2	6	3	4
4	7	9	3	6	8	2	5	1
7	5	3	8	1	4	9	2	6
2	9	4	5	3	6	1	8	7
6	8	1	9	2	7	5	4	3
5	2	8	6	7	3	4	1	9
1	3	7	4	5	9	8	6	2
9	4	6	2	8	1	3	7	5

51

2	8	7	4	3	9	1	6	5
9	6	1	7	5	2	3	4	8
4	3	5	6	8	1	7	9	2
8	2	6	1	9	5	4	7	3
3	1	4	2	7	6	8	5	9
5	7	9	3	4	8	2	1	6
6	9	2	8	1	7	5	3	4
7	5	3	9	2	4	6	8	1
1	4	8	5	6	3	9	2	7

52

7	9	2	8	3	1	5	6	4
6	8	5	7	2	4	3	9	1
1	4	3	9	6	5	8	2	7
2	3	6	4	9	7	1	8	5
8	1	9	3	5	6	7	4	2
5	7	4	2	1	8	6	3	9
9	5	7	6	8	2	4	1	3
4	2	8	1	7	3	9	5	6
3	6	1	5	4	9	2	7	8

3	6	2	4	5	8	7	9	1
1	4	8	9	6	7	3	2	5
5	9	7	3	1	2	4	6	8
8	3	5	1	2	6	9	7	4
4	2	6	5	7	9	8	1	3
7	1	9	8	3	4	2	5	6
2	7	1	6	4	3	5	8	9
9	5	3	7	8	1	6	4	2
6	8	4	2	9	5	1	3	7

2	1	6	8	9	3	7	5	4
4	9	8	5	7	2	6	3	1
3	5	7	6	1	4	9	8	2
9	8	1	2	4	7	5	6	3
6	7	2	3	5	1	8	4	9
5	3	4	9	6	8	2	1	7
8	4	9	1	2	5	3	7	6
1	2	3	7	8	6	4	9	5
7	6	5	4	3	9	1	2	8

1	4	9	6	2	3	7	5	8
2	6	7	8	5	4	1	9	3
8	5	3	9	1	7	6	4	2
4	8	1	2	7	5	3	6	9
9	7	6	3	4	8	2	1	5
3	2	5	1	6	9	8	7	4
6	3	8	4	9	1	5	2	7
7	1	4	5	8	2	9	3	6
5	9	2	7	3	6	4	8	1

8	5	4	6	7	1	9	3	2
2	3	7	9	8	4	5	1	6
6	9	1	3	5	2	8	7	4
4	8	5	7	1	6	3	2	9
3	1	2	5	9	8	4	6	7
7	6	9	2	4	3	1	8	5
9	2	3	1	6	5	7	4	8
5	4	6	8	3	7	2	9	1
1	7	8	4	2	9	6	5	3

3	8	7	9	1	6	5	2	4
4	9	2	5	7	3	1	8	6
1	5	6	8	2	4	7	9	3
9	7	3	2	8	5	6	4	1
2	1	5	4	6	9	8	3	7
6	4	8	7	3	1	2	5	9
5	2	1	3	4	7	9	6	8
8	6	4	1	9	2	3	7	5
7	3	9	6	5	8	4	1	2

6	3	9	8	4	7	2	1	5
7	5	4	1	2	3	9	8	6
2	1	8	9	5	6	4	7	3
4	9	7	3	8	5	1	6	2
8	6	1	2	7	9	5	3	4
3	2	5	4	6	1	8	9	7
1	8	6	5	3	4	7	2	9
9	4	3	7	1	2	6	5	8
5	7	2	6	9	8	3	4	1

2	9	7	4	5	3	1	8	6
8	3	5	1	6	7	2	9	4
1	4	6	9	2	8	7	3	5
7	1	4	6	8	9	3	5	2
3	5	9	2	7	4	8	6	1
6	2	8	5	3	1	9	4	7
9	7	2	3	4	5	6	1	8
4	6	3	8	1	2	5	7	9
5	8	1	7	9	6	4	2	3

7	9	5	6	2	3	4	1	8
4	2	6	1	8	9	7	5	3
3	8	1	4	7	5	9	2	6
9	5	2	3	4	1	6	8	7
6	7	3	2	9	8	5	4	1
1	4	8	7	5	6	3	9	2
8	1	4	9	3	7	2	6	5
5	3	9	8	6	2	1	7	4
2	6	7	5	1	4	8	3	9

61

9	1	5	2	6	3	8	7	4
8	3	6	7	4	9	2	1	5
7	2	4	8	5	1	6	9	3
4	7	1	5	9	2	3	6	8
6	9	3	4	7	8	5	2	1
5	8	2	1	3	6	9	4	7
3	5	7	9	2	4	1	8	6
1	4	9	6	8	5	7	3	2
2	6	8	3	1	7	4	5	9

62

9	8	1	2	6	4	7	3	5
2	4	3	7	5	9	1	8	6
7	6	5	8	3	1	2	9	4
5	9	6	3	1	8	4	2	7
1	2	7	4	9	5	8	6	3
8	3	4	6	2	7	5	1	9
6	5	8	1	7	3	9	4	2
3	1	9	5	4	2	6	7	8
4	7	2	9	8	6	3	5	1

63

3	8	5	1	4	2	9	7	6
7	1	2	5	6	9	3	8	4
9	6	4	8	7	3	1	2	5
2	5	3	4	1	7	8	6	9
6	4	1	9	2	8	7	5	3
8	7	9	6	3	5	2	4	1
4	2	6	3	8	1	5	9	7
5	3	7	2	9	4	6	1	8
1	9	8	7	5	6	4	3	2

64

2	4	5	7	6	9	8	1	3
9	3	1	8	5	4	2	7	6
6	7	8	3	1	2	9	4	5
7	2	9	5	8	3	4	6	1
3	5	4	1	2	6	7	9	8
8	1	6	9	4	7	3	5	2
4	8	3	6	7	5	1	2	9
1	6	7	2	9	8	5	3	4
5	9	2	4	3	1	6	8	7

4	3	7	6	1	5	9	8	2
2	1	6	8	9	7	4	5	3
8	5	9	2	3	4	7	1	6
1	7	3	9	4	8	6	2	5
9	2	4	5	6	1	8	3	7
5	6	8	3	7	2	1	4	9
3	9	2	4	8	6	5	7	1
7	8	5	1	2	9	3	6	4
6	4	1	7	5	3	2	9	8

9	7	5	3	8	6	2	1	4
1	2	6	9	7	4	8	3	5
8	3	4	1	2	5	6	7	9
2	6	1	4	5	7	9	8	3
5	9	7	8	6	3	4	2	1
4	8	3	2	9	1	7	5	6
7	4	2	5	3	9	1	6	8
3	1	8	6	4	2	5	9	7
6	5	9	7	1	8	3	4	2

7	5	1	4	8	9	6	2	3
3	2	4	6	5	1	8	9	7
6	8	9	7	3	2	4	5	1
1	9	7	2	6	5	3	8	4
5	6	8	9	4	3	7	1	2
2	4	3	8	1	7	9	6	5
9	7	6	1	2	4	5	3	8
8	1	5	3	7	6	2	4	9
4	3	2	5	9	8	1	7	6

7	5	1	3	9	2	6	8	4
2	8	3	1	4	6	5	7	9
9	4	6	7	5	8	2	3	1
1	3	9	2	7	4	8	5	6
6	7	4	8	1	5	3	9	2
5	2	8	9	6	3	4	1	7
4	9	5	6	3	1	7	2	8
3	1	2	4	8	7	9	6	5
8	6	7	5	2	9	1	4	3

69

7	1	8	3	4	5	2	9	6
6	2	3	9	8	1	4	7	5
5	4	9	7	2	6	8	3	1
4	9	5	2	7	8	6	1	3
1	8	6	4	5	3	7	2	9
3	7	2	6	1	9	5	4	8
2	6	1	5	9	7	3	8	4
9	3	4	8	6	2	1	5	7
8	5	7	1	3	4	9	6	2

70

8	2	3	7	4	1	6	9	5
9	6	4	8	3	5	7	2	1
1	5	7	2	9	6	3	4	8
3	7	5	4	1	2	9	8	6
2	9	8	5	6	7	1	3	4
6	4	1	9	8	3	5	7	2
4	3	6	1	2	9	8	5	7
5	1	2	3	7	8	4	6	9
7	8	9	6	5	4	2	1	3

71

9	4	1	8	5	3	2	6	7
3	2	8	6	7	9	4	5	1
6	5	7	2	1	4	3	8	9
5	3	4	1	9	7	8	2	6
7	6	2	5	3	8	9	1	4
1	8	9	4	6	2	7	3	5
8	7	5	3	4	6	1	9	2
2	9	6	7	8	1	5	4	3
4	1	3	9	2	5	6	7	8

72

8	7	4	1	2	6	9	5	3
5	6	1	3	9	4	7	2	8
2	3	9	5	8	7	1	6	4
9	5	2	4	3	1	6	8	7
7	1	8	9	6	5	4	3	2
6	4	3	8	7	2	5	1	9
4	8	6	7	1	3	2	9	5
3	2	5	6	4	9	8	7	1
1	9	7	2	5	8	3	4	6

2	6	1	7	9	4	5	8	3
9	4	5	3	8	2	1	7	6
8	3	7	1	5	6	4	2	9
4	8	6	9	7	1	2	3	5
3	5	9	2	6	8	7	4	1
7	1	2	4	3	5	9	6	8
1	7	3	8	4	9	6	5	2
5	2	8	6	1	7	3	9	4
6	9	4	5	2	3	8	1	7

5	4	2	6	7	9	3	1	8
3	6	7	8	1	5	2	4	9
8	9	1	3	4	2	6	7	5
4	1	5	2	3	7	9	8	6
2	7	8	9	6	1	5	3	4
9	3	6	4	5	8	1	2	7
1	5	3	7	8	6	4	9	2
6	8	9	1	2	4	7	5	3
7	2	4	5	9	3	8	6	1

9	8	1	5	3	6	2	4	7
6	3	4	9	2	7	8	1	5
5	2	7	4	1	8	6	3	9
1	7	5	6	8	4	3	9	2
3	4	8	2	5	9	1	7	6
2	6	9	1	7	3	4	5	8
4	9	3	7	6	2	5	8	1
8	5	2	3	9	1	7	6	4
7	1	6	8	4	5	9	2	3

7	6	8	4	9	2	3	5	1
3	1	4	7	6	5	9	2	8
9	5	2	1	3	8	6	7	4
1	8	6	2	5	7	4	3	9
4	3	5	8	1	9	7	6	2
2	7	9	6	4	3	8	1	5
6	2	3	9	8	1	5	4	7
5	9	1	3	7	4	2	8	6
8	4	7	5	2	6	1	9	3

77

6	9	8	2	4	1	7	3	5
3	1	5	6	9	7	4	8	2
7	4	2	8	3	5	1	9	6
4	7	9	5	6	8	2	1	3
2	3	1	4	7	9	6	5	8
5	8	6	1	2	3	9	4	7
1	6	7	3	5	4	8	2	9
8	2	3	9	1	6	5	7	4
9	5	4	7	8	2	3	6	1

78

4	5	1	6	9	3	8	2	7
2	8	3	4	1	7	5	9	6
7	6	9	5	8	2	3	1	4
3	4	2	9	5	8	7	6	1
6	1	8	2	7	4	9	3	5
9	7	5	1	3	6	4	8	2
5	9	7	3	2	1	6	4	8
1	3	6	8	4	5	2	7	9
8	2	4	7	6	9	1	5	3

79

9	1	4	7	5	8	6	2	3
8	6	2	4	3	9	1	7	5
3	7	5	6	1	2	9	8	4
2	9	6	3	8	4	7	5	1
1	5	8	2	9	7	3	4	6
4	3	7	5	6	1	2	9	8
6	4	3	9	7	5	8	1	2
7	2	1	8	4	3	5	6	9
5	8	9	1	2	6	4	3	7

80

8	7	9	3	5	6	4	2	1
5	1	3	7	4	2	6	8	9
6	2	4	1	8	9	5	3	7
2	5	8	4	9	3	7	1	6
3	6	1	5	7	8	2	9	4
4	9	7	2	6	1	8	5	3
1	8	5	6	3	4	9	7	2
7	4	2	9	1	5	3	6	8
9	3	6	8	2	7	1	4	5

81

6	3	2	7	8	5	9	4	1
8	7	5	1	9	4	6	3	2
4	1	9	6	3	2	7	5	8
1	8	4	5	2	7	3	9	6
5	9	7	3	6	1	8	2	4
3	2	6	8	4	9	1	7	5
7	6	8	2	5	3	4	1	9
9	5	1	4	7	6	2	8	3
2	4	3	9	1	8	5	6	7

82

2	8	1	3	5	9	4	7	6
3	9	4	7	6	2	5	1	8
7	5	6	1	4	8	2	9	3
6	7	8	2	9	5	3	4	1
5	3	2	6	1	4	9	8	7
4	1	9	8	3	7	6	2	5
9	6	7	5	2	1	8	3	4
8	4	5	9	7	3	1	6	2
1	2	3	4	8	6	7	5	9

83

3	2	7	9	6	5	4	8	1
6	4	5	3	1	8	7	2	9
9	8	1	4	7	2	6	5	3
8	9	4	7	3	1	2	6	5
5	3	2	6	8	4	1	9	7
1	7	6	5	2	9	3	4	8
7	5	9	2	4	3	8	1	6
4	1	3	8	9	6	5	7	2
2	6	8	1	5	7	9	3	4

84

2	9	7	4	8	1	6	5	3
4	5	3	7	2	6	8	9	1
8	1	6	9	5	3	2	4	7
3	7	2	1	4	9	5	8	6
5	6	1	2	3	8	9	7	4
9	4	8	6	7	5	1	3	2
7	3	9	5	6	2	4	1	8
6	8	5	3	1	4	7	2	9
1	2	4	8	9	7	3	6	5

85

4	5	7	1	6	3	8	2	9
2	1	8	4	9	5	7	6	3
9	3	6	7	2	8	5	4	1
5	2	1	9	8	6	3	7	4
7	4	9	3	1	2	6	5	8
8	6	3	5	4	7	1	9	2
6	9	4	8	7	1	2	3	5
3	8	2	6	5	4	9	1	7
1	7	5	2	3	9	4	8	6

86

6	8	7	3	4	5	2	9	1
1	9	2	7	8	6	4	3	5
4	5	3	2	9	1	8	6	7
3	1	4	6	2	7	5	8	9
9	6	8	4	5	3	1	7	2
2	7	5	9	1	8	3	4	6
5	2	9	8	6	4	7	1	3
8	3	1	5	7	9	6	2	4
7	4	6	1	3	2	9	5	8

87

5	7	6	2	9	1	3	4	8
1	2	4	8	3	6	9	7	5
9	8	3	7	5	4	6	1	2
7	1	2	4	6	3	5	8	9
8	4	9	5	2	7	1	3	6
3	6	5	1	8	9	4	2	7
4	5	8	9	1	2	7	6	3
2	3	1	6	7	5	8	9	4
6	9	7	3	4	8	2	5	1

88

7	3	9	2	5	1	8	4	6
5	1	8	4	6	3	9	2	7
2	6	4	9	8	7	1	3	5
3	2	7	6	9	8	5	1	4
8	9	5	3	1	4	6	7	2
6	4	1	5	7	2	3	9	8
9	7	2	8	3	6	4	5	1
4	5	6	1	2	9	7	8	3
1	8	3	7	4	5	2	6	9

89

7	2	6	3	9	8	5	4	1
9	5	4	6	1	7	8	2	3
1	8	3	5	2	4	9	6	7
5	9	8	2	3	6	1	7	4
2	3	7	9	4	1	6	5	8
6	4	1	7	8	5	3	9	2
3	6	5	1	7	2	4	8	9
8	1	2	4	6	9	7	3	5
4	7	9	8	5	3	2	1	6

90

7	9	1	4	3	2	8	6	5
8	2	3	5	6	7	9	4	1
5	6	4	9	8	1	2	7	3
1	5	6	8	2	3	7	9	4
9	4	2	7	1	5	3	8	6
3	8	7	6	9	4	1	5	2
6	3	9	1	4	8	5	2	7
4	1	5	2	7	9	6	3	8
2	7	8	3	5	6	4	1	9

91

4	3	8	2	7	9	6	1	5
9	2	1	5	6	8	3	7	4
7	5	6	4	1	3	9	8	2
1	9	2	7	8	4	5	6	3
8	4	5	6	3	2	7	9	1
6	7	3	1	9	5	4	2	8
3	1	9	8	5	6	2	4	7
2	6	7	3	4	1	8	5	9
5	8	4	9	2	7	1	3	6

92

4	9	8	1	5	7	6	2	3
3	6	7	8	2	4	9	5	1
2	1	5	3	6	9	7	8	4
5	3	9	7	4	8	2	1	6
7	8	2	6	9	1	4	3	5
1	4	6	5	3	2	8	7	9
8	2	3	9	1	6	5	4	7
6	7	1	4	8	5	3	9	2
9	5	4	2	7	3	1	6	8

93

4	2	3	7	9	5	1	6	8
7	5	8	1	6	3	2	4	9
1	6	9	4	2	8	7	5	3
6	9	1	5	8	2	3	7	4
2	8	7	6	3	4	5	9	1
5	3	4	9	1	7	6	8	2
8	1	5	2	7	9	4	3	6
3	7	2	8	4	6	9	1	5
9	4	6	3	5	1	8	2	7

94

3	8	9	5	6	2	4	1	7
2	1	6	4	7	9	8	5	3
7	4	5	1	3	8	2	9	6
8	6	1	3	5	4	9	7	2
4	9	3	6	2	7	1	8	5
5	2	7	8	9	1	3	6	4
9	3	4	7	8	6	5	2	1
1	7	8	2	4	5	6	3	9
6	5	2	9	1	3	7	4	8

95

4	2	7	5	1	3	8	6	9
9	1	5	7	6	8	3	4	2
6	3	8	2	4	9	7	1	5
3	5	6	8	7	1	9	2	4
1	9	4	3	2	5	6	8	7
7	8	2	6	9	4	1	5	3
5	7	3	4	8	6	2	9	1
2	6	9	1	5	7	4	3	8
8	4	1	9	3	2	5	7	6

96

6	4	2	7	1	9	5	8	3
3	5	7	4	6	8	2	1	9
9	1	8	5	2	3	4	6	7
4	7	3	8	9	6	1	5	2
2	6	5	3	7	1	9	4	8
1	8	9	2	5	4	3	7	6
5	3	1	9	8	7	6	2	4
8	2	4	6	3	5	7	9	1
7	9	6	1	4	2	8	3	5

97

3	4	6	1	7	5	9	2	8
9	8	7	3	4	2	6	5	1
2	1	5	9	6	8	4	3	7
1	2	8	4	5	3	7	9	6
5	7	3	6	8	9	1	4	2
6	9	4	2	1	7	3	8	5
4	5	9	7	2	1	8	6	3
7	6	2	8	3	4	5	1	9
8	3	1	5	9	6	2	7	4

98

3	7	8	6	9	5	4	2	1
4	9	1	2	7	3	5	6	8
6	2	5	8	1	4	9	7	3
8	4	9	5	3	6	2	1	7
2	5	3	1	4	7	6	8	9
1	6	7	9	8	2	3	5	4
7	8	2	3	5	9	1	4	6
9	1	6	4	2	8	7	3	5
5	3	4	7	6	1	8	9	2

99

5	6	1	7	2	4	3	9	8
8	9	7	3	1	5	4	2	6
4	2	3	9	6	8	1	5	7
1	4	2	6	8	7	9	3	5
3	7	6	5	9	2	8	4	1
9	8	5	1	4	3	6	7	2
2	1	4	8	7	9	5	6	3
7	5	8	4	3	6	2	1	9
6	3	9	2	5	1	7	8	4

100

5	9	3	8	2	1	7	4	6
1	2	7	4	9	6	8	3	5
6	8	4	3	5	7	1	2	9
8	3	1	6	4	9	5	7	2
9	4	5	7	3	2	6	1	8
2	7	6	1	8	5	4	9	3
7	1	8	9	6	3	2	5	4
3	6	2	5	1	4	9	8	7
4	5	9	2	7	8	3	6	1

101

9	4	6	7	3	5	1	2	8
8	2	7	6	1	9	3	4	5
1	3	5	8	2	4	7	9	6
6	9	8	2	7	3	4	5	1
4	5	3	9	8	1	2	6	7
7	1	2	4	5	6	9	8	3
3	6	1	5	4	2	8	7	9
2	7	9	3	6	8	5	1	4
5	8	4	1	9	7	6	3	2

102

9	7	8	5	3	1	2	4	6
6	1	2	7	4	8	9	5	3
5	4	3	6	2	9	8	1	7
2	3	6	9	8	5	1	7	4
4	5	9	2	1	7	3	6	8
1	8	7	3	6	4	5	9	2
8	6	4	1	5	3	7	2	9
7	2	5	8	9	6	4	3	1
3	9	1	4	7	2	6	8	5

103

8	4	2	3	1	7	6	9	5
6	5	3	2	4	9	7	1	8
9	1	7	5	6	8	2	3	4
7	8	4	9	2	5	3	6	1
1	3	5	4	7	6	8	2	9
2	9	6	1	8	3	5	4	7
4	7	1	8	3	2	9	5	6
3	6	9	7	5	1	4	8	2
5	2	8	6	9	4	1	7	3

104

2	4	1	8	7	3	6	5	9
5	3	7	1	6	9	2	4	8
9	8	6	2	5	4	3	1	7
4	6	3	5	2	7	8	9	1
1	5	9	6	4	8	7	2	3
7	2	8	9	3	1	4	6	5
8	7	5	4	1	2	9	3	6
3	1	2	7	9	6	5	8	4
6	9	4	3	8	5	1	7	2

105

9	3	4	1	6	7	8	5	2
7	2	5	9	8	3	1	4	6
1	8	6	5	2	4	9	7	3
8	5	2	4	7	9	6	3	1
3	1	7	2	5	6	4	8	9
6	4	9	3	1	8	7	2	5
4	7	3	6	9	2	5	1	8
5	6	8	7	3	1	2	9	4
2	9	1	8	4	5	3	6	7

106

3	4	9	8	2	5	1	6	7
7	6	1	9	3	4	8	2	5
2	8	5	1	7	6	9	3	4
1	7	2	6	5	8	3	4	9
4	5	3	2	1	9	6	7	8
8	9	6	3	4	7	2	5	1
5	1	8	4	6	2	7	9	3
6	3	4	7	9	1	5	8	2
9	2	7	5	8	3	4	1	6

107

8	7	6	9	2	1	5	4	3
9	4	1	3	7	5	8	2	6
5	3	2	8	6	4	7	9	1
2	6	8	4	1	7	9	3	5
3	1	7	5	9	6	4	8	2
4	9	5	2	8	3	1	6	7
6	5	3	1	4	9	2	7	8
1	8	4	7	3	2	6	5	9
7	2	9	6	5	8	3	1	4

108

3	7	1	9	2	4	5	8	6
5	4	9	6	8	7	1	3	2
2	8	6	5	3	1	9	4	7
1	3	8	2	5	9	7	6	4
7	6	2	1	4	8	3	9	5
9	5	4	7	6	3	8	2	1
8	2	7	4	9	5	6	1	3
6	1	3	8	7	2	4	5	9
4	9	5	3	1	6	2	7	8

109

8	7	1	9	5	2	3	6	4
9	3	2	6	1	4	7	8	5
4	6	5	7	3	8	9	1	2
1	4	6	8	9	7	5	2	3
7	9	3	5	2	1	6	4	8
5	2	8	3	4	6	1	9	7
6	5	7	4	8	9	2	3	1
3	1	4	2	6	5	8	7	9
2	8	9	1	7	3	4	5	6

110

3	5	1	9	2	6	7	8	4
4	8	7	3	1	5	9	2	6
9	6	2	7	4	8	5	3	1
8	3	6	4	9	2	1	5	7
7	2	5	1	6	3	4	9	8
1	4	9	5	8	7	3	6	2
6	7	3	2	5	1	8	4	9
2	1	4	8	3	9	6	7	5
5	9	8	6	7	4	2	1	3

111

5	7	6	8	2	9	1	4	3
3	1	9	4	5	6	8	2	7
2	4	8	7	3	1	6	9	5
6	5	7	3	9	8	4	1	2
8	2	4	6	1	7	5	3	9
1	9	3	2	4	5	7	8	6
7	8	1	9	6	3	2	5	4
4	3	5	1	7	2	9	6	8
9	6	2	5	8	4	3	7	1

112

6	9	5	4	3	2	7	1	8
7	1	4	5	9	8	2	6	3
2	3	8	1	7	6	5	9	4
3	5	6	8	2	9	4	7	1
9	4	2	7	1	5	3	8	6
1	8	7	6	4	3	9	2	5
5	2	1	9	6	4	8	3	7
4	7	9	3	8	1	6	5	2
8	6	3	2	5	7	1	4	9

113

6	2	5	3	9	8	7	1	4
3	7	4	2	5	1	8	6	9
1	9	8	6	7	4	3	5	2
5	1	6	7	8	9	4	2	3
8	4	2	1	3	6	9	7	5
9	3	7	5	4	2	1	8	6
4	6	1	8	2	3	5	9	7
2	5	3	9	1	7	6	4	8
7	8	9	4	6	5	2	3	1

114

4	9	3	2	1	7	5	6	8
6	2	5	4	8	3	9	7	1
7	1	8	6	9	5	4	2	3
3	7	1	8	5	4	2	9	6
9	8	2	1	7	6	3	4	5
5	6	4	9	3	2	8	1	7
1	5	6	3	4	9	7	8	2
2	3	9	7	6	8	1	5	4
8	4	7	5	2	1	6	3	9

115

1	9	6	7	5	3	8	2	4
4	3	2	9	8	1	6	7	5
7	8	5	6	2	4	1	3	9
5	7	3	4	6	2	9	1	8
2	6	4	1	9	8	7	5	3
9	1	8	5	3	7	2	4	6
6	2	7	3	4	9	5	8	1
3	5	1	8	7	6	4	9	2
8	4	9	2	1	5	3	6	7

116

8	6	9	7	5	2	4	1	3
4	5	1	9	3	6	7	8	2
3	2	7	4	8	1	6	5	9
6	7	2	3	4	8	1	9	5
5	8	4	1	6	9	2	3	7
1	9	3	2	7	5	8	4	6
9	4	8	6	2	3	5	7	1
7	1	6	5	9	4	3	2	8
2	3	5	8	1	7	9	6	4

117

5	7	8	4	3	1	6	9	2
3	6	1	2	5	9	7	8	4
2	4	9	7	6	8	5	3	1
4	9	3	8	7	5	2	1	6
7	5	2	3	1	6	9	4	8
8	1	6	9	2	4	3	7	5
9	2	4	5	8	3	1	6	7
6	8	7	1	9	2	4	5	3
1	3	5	6	4	7	8	2	9

118

1	6	7	9	8	2	3	5	4
8	5	4	1	7	3	6	2	9
2	3	9	6	5	4	8	7	1
5	8	1	7	4	6	9	3	2
7	4	6	3	2	9	5	1	8
3	9	2	5	1	8	7	4	6
9	2	5	8	3	1	4	6	7
4	7	8	2	6	5	1	9	3
6	1	3	4	9	7	2	8	5

119

7	8	6	5	1	3	9	2	4
3	4	1	2	8	9	6	5	7
5	2	9	6	4	7	8	3	1
8	3	5	9	7	1	4	6	2
9	6	4	8	5	2	7	1	3
1	7	2	3	6	4	5	8	9
6	1	3	4	9	8	2	7	5
2	9	8	7	3	5	1	4	6
4	5	7	1	2	6	3	9	8

120

6	9	4	8	5	3	2	7	1
1	7	5	2	9	4	6	8	3
3	8	2	1	7	6	9	5	4
8	4	1	6	3	9	7	2	5
5	3	9	7	2	8	1	4	6
2	6	7	5	4	1	3	9	8
9	5	8	3	6	7	4	1	2
4	2	6	9	1	5	8	3	7
7	1	3	4	8	2	5	6	9

121

1	3	8	9	5	4	7	6	2
7	9	6	8	3	2	4	5	1
4	5	2	1	7	6	8	3	9
8	2	1	7	6	9	3	4	5
9	7	4	3	8	5	2	1	6
3	6	5	2	4	1	9	7	8
2	1	3	6	9	7	5	8	4
6	4	7	5	2	8	1	9	3
5	8	9	4	1	3	6	2	7

122

9	4	6	5	8	7	3	2	1
8	7	5	2	1	3	9	6	4
1	2	3	9	6	4	8	5	7
3	8	7	4	9	2	6	1	5
5	6	9	8	7	1	4	3	2
4	1	2	6	3	5	7	9	8
7	3	4	1	5	9	2	8	6
6	9	1	7	2	8	5	4	3
2	5	8	3	4	6	1	7	9

123

9	3	5	6	1	8	4	7	2
1	4	8	2	7	9	5	6	3
7	2	6	3	4	5	8	1	9
2	6	7	5	9	4	3	8	1
5	1	3	8	2	6	7	9	4
8	9	4	1	3	7	2	5	6
3	8	2	9	5	1	6	4	7
4	5	1	7	6	3	9	2	8
6	7	9	4	8	2	1	3	5

124

8	1	5	6	3	4	9	2	7
3	7	4	2	8	9	5	6	1
9	2	6	5	1	7	8	3	4
2	6	3	4	9	1	7	5	8
5	4	8	7	2	6	1	9	3
1	9	7	3	5	8	6	4	2
7	3	2	8	6	5	4	1	9
4	5	1	9	7	3	2	8	6
6	8	9	1	4	2	3	7	5

125

3	6	4	2	5	8	1	9	7
1	9	8	7	6	4	5	2	3
5	7	2	3	1	9	4	6	8
6	8	5	4	9	7	2	3	1
7	3	1	6	2	5	8	4	9
2	4	9	8	3	1	7	5	6
8	1	6	5	4	3	9	7	2
4	2	7	9	8	6	3	1	5
9	5	3	1	7	2	6	8	4

126

6	5	1	9	8	4	2	7	3
8	4	2	7	6	3	9	5	1
3	7	9	1	2	5	4	6	8
4	6	8	3	5	2	7	1	9
7	1	3	4	9	6	5	8	2
9	2	5	8	1	7	6	3	4
5	9	6	2	3	8	1	4	7
2	3	4	5	7	1	8	9	6
1	8	7	6	4	9	3	2	5

127

2	8	7	5	9	4	6	3	1
3	5	6	8	1	2	4	7	9
4	1	9	3	6	7	5	2	8
7	3	8	1	4	5	9	6	2
6	9	1	7	2	3	8	4	5
5	2	4	9	8	6	7	1	3
9	7	2	6	5	1	3	8	4
1	6	5	4	3	8	2	9	7
8	4	3	2	7	9	1	5	6

128

5	4	2	1	6	8	3	7	9
3	7	6	5	4	9	1	2	8
9	8	1	3	2	7	5	6	4
7	9	4	2	5	3	6	8	1
2	3	8	6	9	1	7	4	5
6	1	5	8	7	4	2	9	3
4	5	7	9	3	2	8	1	6
8	2	3	4	1	6	9	5	7
1	6	9	7	8	5	4	3	2

129

8	1	4	5	7	9	3	6	2
5	3	7	2	6	4	1	8	9
6	9	2	1	3	8	5	7	4
9	2	8	7	4	3	6	1	5
1	7	5	8	2	6	9	4	3
3	4	6	9	5	1	8	2	7
4	5	1	3	8	7	2	9	6
2	6	9	4	1	5	7	3	8
7	8	3	6	9	2	4	5	1

130

7	5	6	9	1	4	2	3	8
2	8	4	6	5	3	7	9	1
9	3	1	7	2	8	5	4	6
5	6	7	1	3	2	9	8	4
4	1	8	5	9	7	3	6	2
3	2	9	8	4	6	1	7	5
8	7	2	3	6	1	4	5	9
6	4	5	2	7	9	8	1	3
1	9	3	4	8	5	6	2	7

131

4	9	5	3	1	7	6	2	8
2	1	7	8	6	5	4	3	9
6	3	8	9	2	4	7	5	1
7	4	1	6	5	8	3	9	2
5	2	3	1	7	9	8	4	6
8	6	9	2	4	3	5	1	7
3	7	6	4	9	1	2	8	5
1	8	2	5	3	6	9	7	4
9	5	4	7	8	2	1	6	3

132

4	6	3	1	5	8	9	2	7
2	8	5	7	4	9	1	6	3
7	1	9	2	6	3	4	8	5
5	4	2	9	8	6	3	7	1
8	9	7	3	1	4	2	5	6
1	3	6	5	2	7	8	9	4
9	7	4	8	3	5	6	1	2
3	2	8	6	7	1	5	4	9
6	5	1	4	9	2	7	3	8

133

7	5	6	8	2	3	4	1	9
8	3	4	9	1	5	6	7	2
2	9	1	7	4	6	5	3	8
4	8	5	3	7	1	9	2	6
6	1	3	4	9	2	8	5	7
9	7	2	6	5	8	3	4	1
1	6	9	5	3	7	2	8	4
3	4	7	2	8	9	1	6	5
5	2	8	1	6	4	7	9	3

134

9	7	5	4	8	1	3	6	2
6	4	2	3	7	5	1	9	8
8	3	1	9	2	6	5	4	7
2	8	4	1	6	9	7	3	5
1	6	9	5	3	7	2	8	4
7	5	3	8	4	2	6	1	9
5	9	6	2	1	8	4	7	3
4	2	7	6	9	3	8	5	1
3	1	8	7	5	4	9	2	6

135

5	8	6	4	1	9	2	7	3
2	9	4	7	3	5	1	6	8
1	7	3	6	2	8	9	4	5
7	4	9	5	6	2	8	3	1
3	5	2	8	7	1	4	9	6
6	1	8	3	9	4	5	2	7
9	2	7	1	8	3	6	5	4
4	3	1	9	5	6	7	8	2
8	6	5	2	4	7	3	1	9

136

7	8	1	6	3	2	5	9	4
5	4	9	8	1	7	6	2	3
6	2	3	4	9	5	7	1	8
9	3	2	5	7	8	1	4	6
8	1	7	9	6	4	3	5	2
4	5	6	3	2	1	8	7	9
2	6	5	7	8	9	4	3	1
3	9	4	1	5	6	2	8	7
1	7	8	2	4	3	9	6	5

137

3	2	5	4	6	8	9	7	1
7	4	1	5	9	2	8	3	6
8	9	6	7	3	1	2	4	5
2	1	4	6	7	9	5	8	3
6	8	3	2	5	4	1	9	7
9	5	7	1	8	3	6	2	4
5	6	2	9	4	7	3	1	8
4	3	9	8	1	5	7	6	2
1	7	8	3	2	6	4	5	9

138

6	4	8	5	1	9	2	7	3
5	2	3	7	8	6	1	9	4
9	7	1	3	2	4	5	6	8
8	6	7	4	5	1	3	2	9
3	5	2	9	6	7	4	8	1
1	9	4	2	3	8	7	5	6
4	1	9	8	7	5	6	3	2
2	8	5	6	4	3	9	1	7
7	3	6	1	9	2	8	4	5

139

7	9	2	8	3	4	1	5	6
3	5	1	7	9	6	2	4	8
8	6	4	5	1	2	9	3	7
5	4	9	6	7	8	3	2	1
2	7	3	1	4	5	6	8	9
1	8	6	9	2	3	5	7	4
4	3	7	2	6	9	8	1	5
6	1	8	3	5	7	4	9	2
9	2	5	4	8	1	7	6	3

140

3	7	9	2	5	6	4	8	1
8	2	5	7	4	1	6	9	3
6	4	1	8	9	3	5	7	2
2	6	3	9	8	4	7	1	5
9	8	7	1	2	5	3	6	4
1	5	4	3	6	7	8	2	9
4	3	2	6	1	8	9	5	7
7	1	8	5	3	9	2	4	6
5	9	6	4	7	2	1	3	8

7	1	9	5	4	8	6	2	3
2	6	4	9	1	3	7	5	8
8	5	3	2	7	6	1	4	9
4	2	5	7	9	1	8	3	6
1	9	6	8	3	5	4	7	2
3	7	8	6	2	4	5	9	1
9	4	2	1	6	7	3	8	5
5	3	1	4	8	9	2	6	7
6	8	7	3	5	2	9	1	4

9	2	4	7	6	8	3	5	1
6	1	7	4	5	3	9	8	2
8	3	5	1	9	2	6	4	7
3	6	2	9	1	4	5	7	8
7	4	1	8	3	5	2	9	6
5	9	8	2	7	6	4	1	3
4	5	3	6	8	7	1	2	9
1	7	6	5	2	9	8	3	4
2	8	9	3	4	1	7	6	5

2	4	1	3	5	6	7	9	8
3	9	8	2	7	4	6	5	1
5	7	6	8	1	9	4	2	3
9	2	7	6	4	3	8	1	5
8	3	4	5	2	1	9	6	7
1	6	5	9	8	7	2	3	4
7	5	9	1	6	8	3	4	2
6	8	2	4	3	5	1	7	9
4	1	3	7	9	2	5	8	6

9	7	2	1	8	5	4	3	6
5	1	8	3	4	6	9	2	7
4	3	6	2	9	7	8	5	1
1	2	7	4	6	8	3	9	5
6	8	5	9	3	2	1	7	4
3	4	9	7	5	1	6	8	2
7	9	3	5	1	4	2	6	8
8	5	4	6	2	9	7	1	3
2	6	1	8	7	3	5	4	9

6	7	2	1	8	3	5	4	9
1	3	9	7	4	5	8	6	2
5	8	4	9	6	2	7	3	1
8	6	5	4	1	9	3	2	7
4	1	3	2	5	7	6	9	8
2	9	7	6	3	8	4	1	5
3	2	1	8	7	4	9	5	6
9	4	8	5	2	6	1	7	3
7	5	6	3	9	1	2	8	4

1	9	8	4	3	7	2	5	6
5	7	3	6	2	8	4	9	1
6	4	2	5	1	9	3	8	7
8	5	4	3	9	6	7	1	2
9	2	7	1	5	4	6	3	8
3	6	1	7	8	2	5	4	9
2	3	9	8	6	5	1	7	4
7	1	6	9	4	3	8	2	5
4	8	5	2	7	1	9	6	3

3	8	9	4	5	2	6	1	7
5	7	1	3	6	8	4	9	2
4	2	6	1	7	9	8	5	3
7	9	8	5	1	3	2	6	4
6	5	2	7	9	4	1	3	8
1	4	3	8	2	6	5	7	9
8	6	7	9	4	1	3	2	5
2	3	5	6	8	7	9	4	1
9	1	4	2	3	5	7	8	6

5	2	3	1	7	9	4	6	8
1	9	6	4	5	8	3	7	2
4	7	8	2	3	6	9	5	1
2	5	7	8	4	3	6	1	9
3	6	4	9	1	7	8	2	5
8	1	9	6	2	5	7	4	3
6	3	2	5	9	4	1	8	7
7	8	5	3	6	1	2	9	4
9	4	1	7	8	2	5	3	6

149

2	6	3	1	5	9	4	7	8
7	9	1	8	2	4	3	5	6
5	4	8	3	6	7	2	9	1
9	2	7	4	1	6	5	8	3
8	1	4	9	3	5	6	2	7
3	5	6	2	7	8	9	1	4
1	3	9	7	4	2	8	6	5
4	8	5	6	9	1	7	3	2
6	7	2	5	8	3	1	4	9

150

2	5	8	4	7	6	9	3	1
1	9	6	5	8	3	4	2	7
7	3	4	2	9	1	6	5	8
9	8	5	7	6	2	3	1	4
6	7	3	1	4	8	2	9	5
4	1	2	9	3	5	7	8	6
5	4	1	6	2	9	8	7	3
8	6	9	3	5	7	1	4	2
3	2	7	8	1	4	5	6	9

151

9	7	1	5	6	2	3	8	4
6	2	4	3	1	8	7	9	5
3	5	8	4	9	7	2	1	6
2	1	6	7	4	5	8	3	9
8	3	7	6	2	9	5	4	1
4	9	5	1	8	3	6	2	7
1	4	3	8	5	6	9	7	2
7	6	2	9	3	1	4	5	8
5	8	9	2	7	4	1	6	3

152

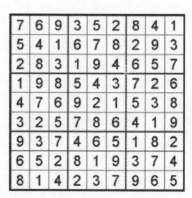

7	6	9	3	5	2	8	4	1
5	4	1	6	7	8	2	9	3
2	8	3	1	9	4	6	5	7
1	9	8	5	4	3	7	2	6
4	7	6	9	2	1	5	3	8
3	2	5	7	8	6	4	1	9
9	3	7	4	6	5	1	8	2
6	5	2	8	1	9	3	7	4
8	1	4	2	3	7	9	6	5

153

9	7	2	6	1	5	4	3	8
8	1	5	9	4	3	2	6	7
4	6	3	2	8	7	5	1	9
5	4	9	1	3	8	6	7	2
6	2	8	4	7	9	3	5	1
1	3	7	5	6	2	9	8	4
7	5	4	8	2	6	1	9	3
2	8	6	3	9	1	7	4	5
3	9	1	7	5	4	8	2	6

154

5	8	3	2	7	9	4	1	6
2	9	4	1	8	6	7	5	3
7	1	6	4	5	3	9	2	8
8	6	5	9	3	4	2	7	1
1	2	9	8	6	7	5	3	4
4	3	7	5	1	2	8	6	9
3	4	2	6	9	5	1	8	7
6	5	8	7	4	1	3	9	2
9	7	1	3	2	8	6	4	5

155

6	8	5	1	4	3	9	2	7
2	4	9	6	7	5	8	1	3
3	1	7	8	2	9	4	6	5
5	2	4	7	8	1	3	9	6
9	6	1	3	5	4	2	7	8
7	3	8	2	9	6	5	4	1
8	5	2	4	1	7	6	3	9
1	9	6	5	3	2	7	8	4
4	7	3	9	6	8	1	5	2

156

8	5	7	6	9	4	1	3	2
2	1	3	5	8	7	6	9	4
6	9	4	1	3	2	8	5	7
5	8	6	3	7	1	4	2	9
1	3	2	4	6	9	7	8	5
4	7	9	8	2	5	3	1	6
3	2	8	9	4	6	5	7	1
9	6	1	7	5	3	2	4	8
7	4	5	2	1	8	9	6	3

157

7	3	1	5	4	9	8	6	2
8	9	6	7	3	2	5	4	1
5	2	4	6	8	1	7	9	3
4	8	2	3	9	6	1	7	5
1	5	9	4	2	7	6	3	8
6	7	3	8	1	5	4	2	9
2	4	8	1	7	3	9	5	6
3	1	5	9	6	4	2	8	7
9	6	7	2	5	8	3	1	4

158

6	8	9	5	7	1	2	4	3
1	3	5	4	2	8	6	7	9
7	2	4	6	9	3	8	5	1
9	1	7	8	3	5	4	6	2
4	5	2	9	1	6	3	8	7
8	6	3	7	4	2	1	9	5
5	4	1	3	8	7	9	2	6
2	9	6	1	5	4	7	3	8
3	7	8	2	6	9	5	1	4

159

7	8	1	6	4	3	9	5	2
2	4	5	9	1	7	8	3	6
9	6	3	8	5	2	1	7	4
8	1	7	5	3	4	2	6	9
5	9	4	2	8	6	7	1	3
3	2	6	7	9	1	5	4	8
1	5	2	4	6	8	3	9	7
4	3	8	1	7	9	6	2	5
6	7	9	3	2	5	4	8	1

160

9	2	7	5	3	1	8	4	6
8	4	1	2	9	6	5	7	3
5	3	6	8	7	4	9	2	1
6	8	3	1	4	2	7	5	9
7	5	2	9	6	3	4	1	8
1	9	4	7	8	5	6	3	2
3	7	5	6	2	8	1	9	4
2	1	8	4	5	9	3	6	7
4	6	9	3	1	7	2	8	5

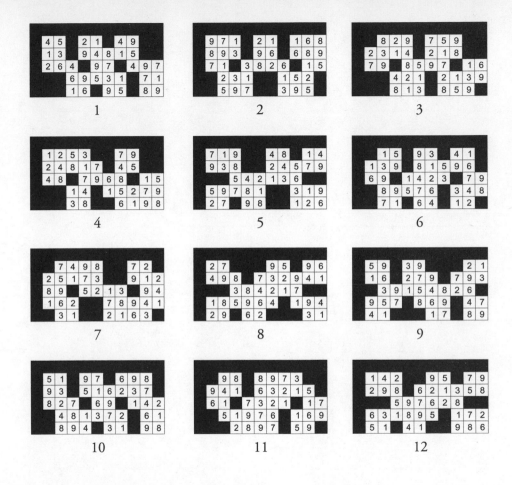

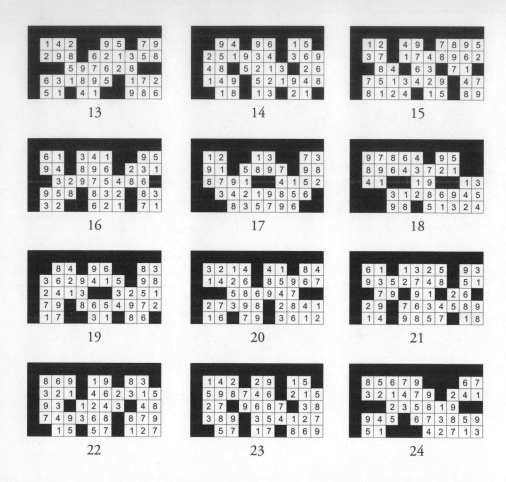

13

14

15

16

17

18

19

20

21

22

23

24

25

2	1	8		1	3	2	6	
1	3	5		4	9	8	7	6
8	5	9		2	7		3	1	2
	2	6	1	3	4		9	7	4
		7	6	5	8		8	3	1

26

9	7		9	8	6		1	6	2
3	1	8	4	6	2		3	9	1
		7	3	5	1	4	2	
5	8	9		7	4	6	5	9	8
1	3	6		9	3	7		6	1

27

1	2	3		8	5	9		9	1
3	8	7		4	1	7	3	5	2
		9	7	6	4	8	5	
6	5	8	9	7	3		1	2	4
7	1		1	5	2		2	9	8

28

3	1		9	6			9	7
9	2		5	4	2	1		8	2
	4	2	9	7	1	3	5	6
8	3	1	7			2	1	5	3
9	6	7	8			4	8	7	9

29

2	4	1	5		1	2	4	3
9	6	7	8		5	6	8	9
	3	5	9	1	7	2	4	6
3	1		7	2	8	3		7	2
9	2			7	9			9	1

30

2	4	1	3		1	7	2
1	6	5	7	8	2	3	9	4
4	8		5	1			1	7
	7	1	4	9	5	2	6	3	8
	9	6	8		7	8	6	9

31

5	1		9	8	7	6		9	7
1	3		4	1	3	2		8	2
	4	2	7	5	8	3	1	6
7	5	9	8			4	8	7	9
1	2	3	6			1	2	5	3

32

7	1		7	8	9		2	1	5
9	3		3	1	2	6	5	4	7
4	2	3	1		8	7	6	9
6	5	8	2	7	4	9		3	8
8	6	9		1	2	4		2	6

33

9	8	7		7	1		1	8
1	3	2		3	8	6	7	5	9
	7	1	6	4	9	2	8	3
2	6	3	4	1	5		9	6	8
1	9		3	2			4	2	1

34

3	9		1	2	4		6	9
1	5	8	4	7	9	3	2	6
	8	9	6			9	1	7
	6	7	2	4	1	5	3	8	9
	1	4		9	2	8		1	7

35

7	1	3	2	5	4		6	8	5
8	2	4	6	7	9		4	1	2
		2	1	9	8	5	7
2	3	1		8	6	1	9	7	4
7	9	6		6	5	2	8	9	7

36

6	1		4	3	7		4	9	8
9	4	7	2	1	5		2	4	1
	3	9	5	2	6	8	1	7
1	2	5		4	2	7	3	5	1
9	6	8		5	8	9		8	3

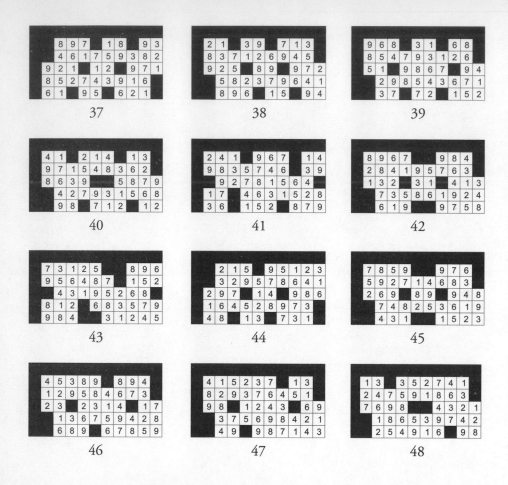

37

38

39

40

41

42

43

44

45

46

47

48

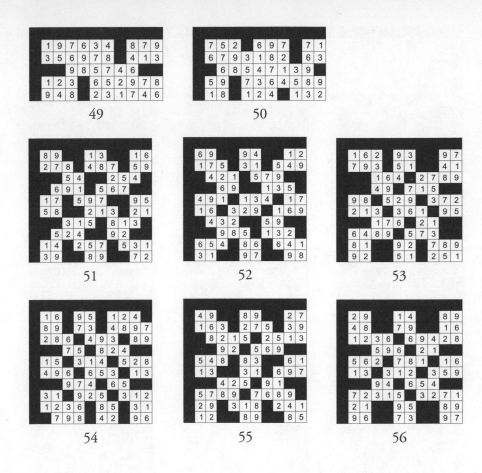

49

50

51

52

53

54

55

56

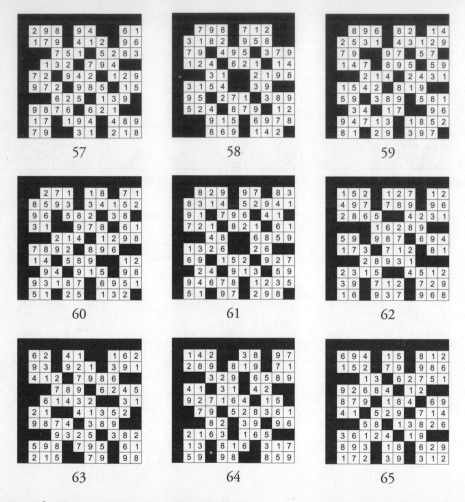

57

58

59

60

61

62

63

64

65

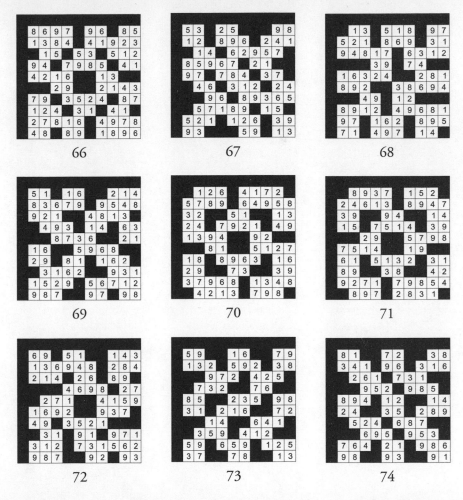

66 67 68

69 70 71

72 73 74

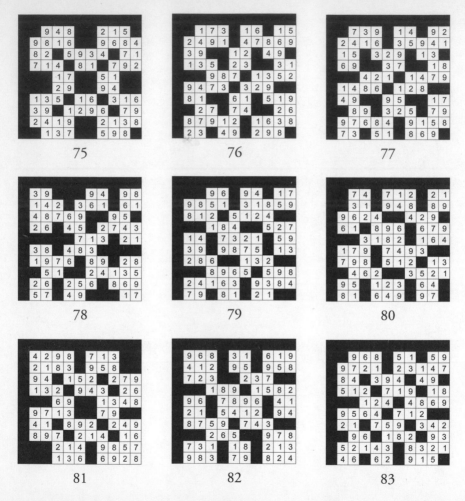

75

76

77

78

79

80

81

82

83

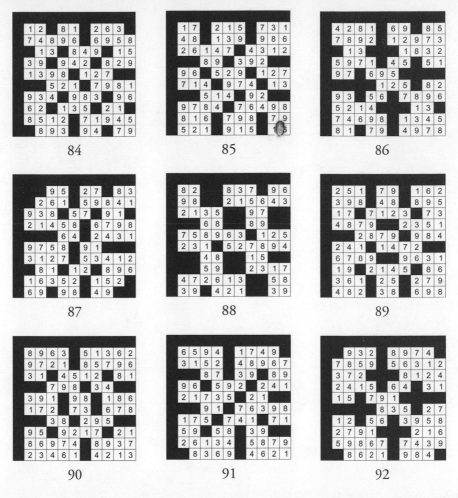

84

85

86

87

88

89

90

91

92

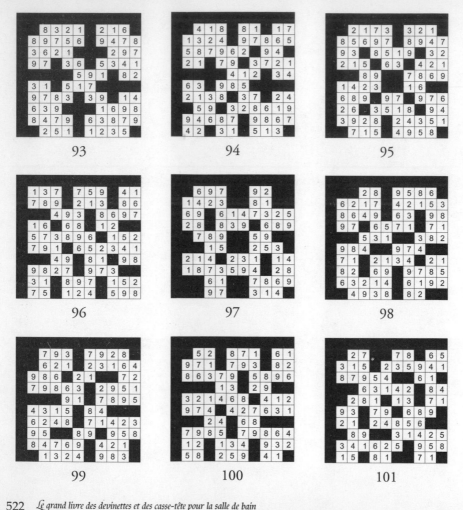

93

94

95

96

97

98

99

100

101

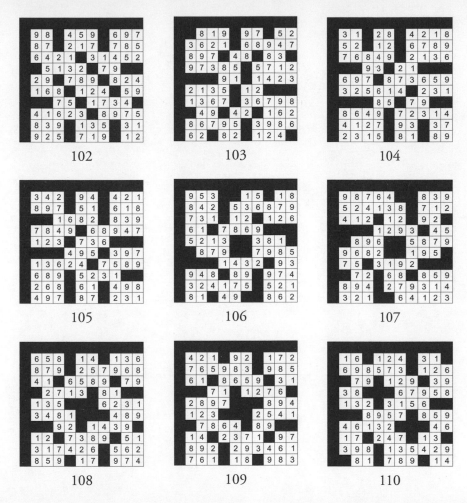

102

103

104

105

106

107

108

109

110

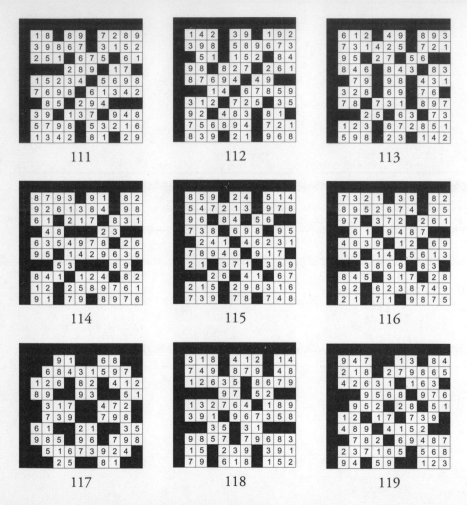

111

112

113

114

115

116

117

118

119

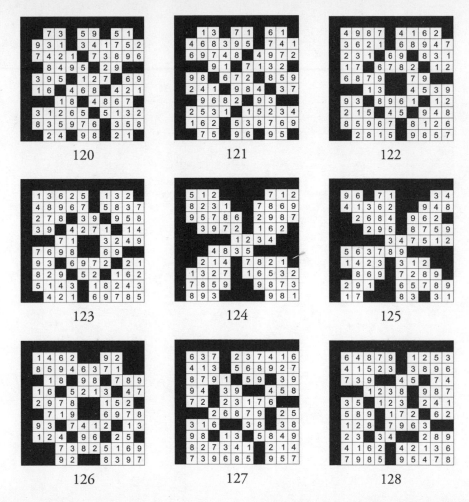

120

121

122

123

124

125

126

127

128

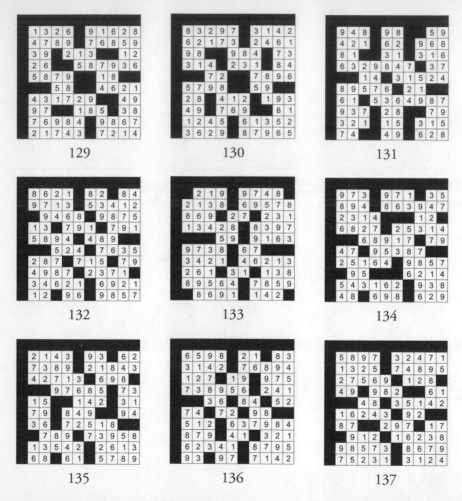

129

130

131

132

133

134

135

136

137

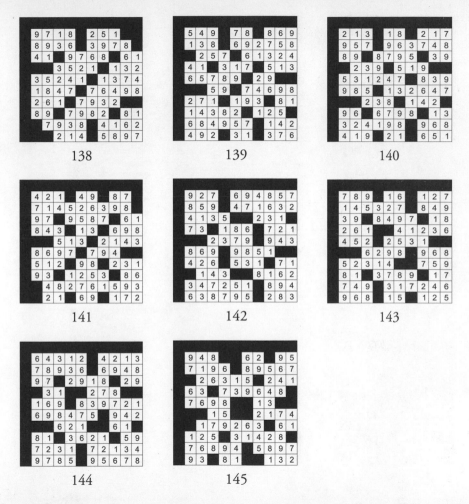

138

139

140

141

142

143

144

145

Aussi disponibles